종교문화연구
Journal of Religion and Culture Study

아랍의 봄(Arab Spring): 봄인가 겨울인가?

종교문화연구 출판사

차 례

머리말

2013년 1월로 아랍 스프링이 일어난 지 만2주년이 되었습니다. 초기 아랍 세계를 휩쓴 데모를 '봄'으로 말하였습니다. 아랍의 격동이 독재자들을 물리치고 민주화로 발전, 국민들이 바라는 멋진 신세계(新世界)가 열릴 것으로 기대하였습니다. 그러나 지금 아랍 스프링을 봄이라고 말하는 사람은 없는 것 같습니다. 도리어 매서운 겨울바람이 분다고 말합니다. 종교문화연구소는 특집으로 이러한 아랍 국가들의 현재 상황을 연구 분석하였습니다. 이 주제는 국제정치적으로 민감한 문제입니다. 그래서 우리는 주관적인 비판이나 단언을 피하고 가급적이면 현재의 객관적인 상황을 토대로 한 결론을 내렸습니다. 아랍 국가들은 이제 종교와 정치가 중대한 전환점에 있습니다. 앞으로 나아가느냐, 아니면 후퇴하느냐의 기로에 서 있습니다. 국제화 시대는 상호교류의 시대입니다. 중동은 우리에게 있어 더 이상 먼 이웃이 아닙니다. 그러나 일부 아랍 국가들은 아직도 진통 중에 있습니다. 특히 시리아는 심각한 내전 중입니다. 정부군과 반정부군을 흑백논리로만 볼 수 없는 복잡한 상황입니다. 63년 전 동족상잔(同族相殘)의 한국 전쟁을 경험한 우리로서는 시리아 난민들의 참담한 상황을 누구보다 잘 알고 있습니다.

본서 연구는 특별히 일본어 서적을 많이 참고하였습니다. 서양학자들이 이슬람과 아랍을 비판하면 기독교적 시각에서 보는 듯한 인상을 갖기 쉽기에 비기독교적 입장에서 이슬람과 아랍을 연구한 일본 전문가들의 연구도 함께 진행하게 되었습니다. 일본의 지역 연구는 최고 수준급입니다.

제1장 「아랍의 봄: 봄인가 겨울인가?」는 아랍 스프링 이후 소요를 겪은 아랍 국가 상황을 연구하였으며, 제2장 「중동과 아랍」은 중동과 아랍의 정의를 내리고, 일본인 이슬람 전문가들이 보는 시각에서 아랍 문화와 정치를 간단하게 다루었습니다. 제3장 「새로운 전쟁의 시대」에서는 이슬람 테러와의 전쟁을 일본의 소장학자가 말한 대로 비대칭 전쟁으로 정의하였습니다. 제4장 「혁명 이후 이집트 상황」은 이집트인이 본 이집트 사태에 대해 말해주고 있습니다. 특히 이집트나 아랍의 많은 나라들은 선거 이후 무슬림형제단이 집권을 하게 되었는데, 현재 각 나라마다 갈등의 원인이 되고 있습니다. 아랍 스프링에 있어 무슬림형제단이 향후 아랍 국가들의 미래를 결정한다고 봅니다. 그래서 제5장은 무슬림형제단의 기원과 현재 상황을 「무슬림형제단의 정치적 활동」이라는 제목으로 다루어 보았습니다. 해당 글은 이미 다른 곳에서 발표한 것을 내용의 일부를 생략하고 다시 게재합니다. 제6장은 「자스민 혁명과 이란」은 최근 이란 상황을 정치, 경제 측면에서 잘 설명하고 있습니다. 7장 「중동 각국 최근 2년 상황」은 중동 국가와 이슬람이 강한 북아프리카의 역사와 최근의 상황을 간략하게 정리하였습니다. 지역 연구에 참조가 되기를 바랍니다. 본 연구집 출판에 경제적 지원을 해 주신 여러분들께 깊은 감사를 드립니다.

2013년 3월
종교문화연구소 소장 전호진

아랍의 봄(Arab Spring): 봄인가 겨울인가?

전호진 (종교문화연구소)

지난 1월은 아랍국가에서 민중봉기가 일어난 지 2주년이 되는 달이다. 이것을 영어로는 아랍의 봄(Arab Spring)이라고 하였다. 1989년 구소련이 붕괴되고 동구권에서 민주화 운동이 일어났는데, 당시 이를 동구권에 분 봄바람에 비유하였다. 이 용어가 아랍 봉기에도 쓰인 것이다. 아랍의 봄을 '뒤늦게 분 제3의 자유화 물결'로도 이야기한다. 2011년 2월, 자유화의 외침이 아랍 세계를 휩쓸자 언론들은 오랫동안 기다렸던 민주화의 물결이 아랍을 변화시킬 것이며 알 카에다와 과격파들은 이념의 전쟁에서 패배했다고 전했다. 격동 이후, 시작은 희망적이었다.

그러나 지금 아랍은 봄이 아니라 겨울로 표현된다. 2006년 타임(TIME)지는 1980년대 후반, 공산국가의 몰락을 아무도 예견하지 못했던 것처럼 아랍 국가에도 이와 같은 갑작스런 변화가 있을 것으로 전망하였다. 정확한 예언이었다. 그런데 문제는 서구나 동구 및 남미에 적용된 민주화 도식이 아랍에는 통하지 않는다는 것이다. 실제로 경제가 좋아지고 교육

수준이 높아지며 정보가 공유되면 자연스럽게 민주화로 나아간다는 단순한 도식이 아랍에는 적용되지 못하고 있다. 카타르는 일인당 GDP(국내총생산)는 10만 달러로 세계 최고이다. 그러나 카타르를 민주국가로 보지 않는다.

그렇다고해서 모든 아랍국가가 겨울은 아니다. 요르단의 한 종교지도자는 아랍의 봄이 요르단에는 '가을'을 가져왔다며 내심 반기는 표정이다. 요르단은 아랍의 봄 이후 왕이 국민들의 소리에 귀를 기울이는 한편 수상 임명권을 국회에 주었다. 아랍 에미리트 연방의 이슬람교 지도자들은 도리어 이집트나 리비아, 튀니지의 무슬림형제단(Muslim Brotherhood)을 비난한다. 아랍 에미리트 연방이나 요르단은 아주 조용하고 자유로운 분위기이다.

종교문화연구소는 아랍의 봄을 단순한 정치 경제 사회적 관점에서 보지 않는다. 이 사건을 해석하는데 있어 문화와 종교적 측면을 무시할 수가 없다. 아랍세계에도 세속화 바람이 불고 있다. 그럼에도 불구하고 이 지역은 아직 무엇보다 종교가 우선이다. 모든 것에 이슬람교라는 종교적 잣대를 들이댄다. 그래엄 베너맨은 로이터(Reuters) 통신에서 워싱턴도 아랍의 봄이 무엇을 의미하는지 잘 모르고 있다고 개탄하면서 아랍의 봄 이후 아랍의 정체성이 무슬림 정체성으로 바뀌고 있다고 분석한다. 일본

국제정치학자 마츠모도 히로시(松本弘)도 중동은 이슬람교라는 종교로 인한 '예외적 존재'라고 말한다. 현재의 국제 정치는 종교적 관점에서 관찰, 해석해야 한다. 이미 국제정치학회에는 국제정치와 종교 분과가 따로 있을 정도이다. 일본만 하더라도 1980년대에 『종교적 관점에서 본 국제정치』라는 책이 나왔다.

그러나 우리사회는 종교적 관점에서 사물을 논하는 것을 금기시하였다. 이는 스스로를 근시안이 되게 하는 것이다. 그렇다고 남의 종교를 함부로 욕하자는 것은 결코 아니다. 다문화주의 사회는 종교가 평화적으로 공존해야 한다. 우리 사회는 지금까지 종교가 평화적으로 공존한 모범적 국가이다. 그래서 민주주의가 발전하였다고 자부한다.

한편 아랍의 봄 이후 아랍 국가의 현상을 다음과 같이 요약할 수 있다.

첫째, 선거에서 대중들은 이슬람교 정당을, 특히 무슬림형제단(Muslim Brotherhood)을 지지하였다. 바로 이 점 때문에 이슬람교가 더 살아난 것으로 해석한다.

둘째, 그럼에도 불구하고 청년들을 중심으로 한 대중들은 이슬람교를 버리지 않는 동시에 세속사회를 요구하고 있다. 결국 아랍의 봄은 신정주의(theocracy)와 민주주의(democracy)의 갈등 양상을 보이고 있다. 무슬림형제단은 알라가 지배하는 이슬람 신정주의를 그들의 궁극적 목표로 삼는다.

셋째, 아랍의 봄은 시리아에 가장 큰 타격을 주었고 지금까지 내전이 계속되고 있다. 시리아 내전은 이슬람교의 분열을 더욱 가속화하고 있다. 현재 시리아 전쟁은 시아파와 수니파의 대리전으로 치닫고 있다.

넷째, 알 카에다와 같은 이슬람교 테러 집단이 도리어 아랍국가에서 기반을 상실하고 북아프리카로 이동하고 있다.

다섯째, 아랍이 아랍과 대립하는 양상을 보이고 있다(Arab against Arab). 석유 부국 아랍 에미리트는 이집트에 많은 원조를 하였지만 아랍 스프링 이후 무슬림 형제단들이 집권하면서 이에 반대하여 원조를 중단하였다.

1. 아랍의 봄 : 어떻게 볼 것인가?

튀니지 한 청년의 분신자살 소식은 매우 빠르게 이웃나라로 퍼져 나갔다. 튀니지를 포함하여 이집트, 리비아, 예멘에서 장기 독재자들이 물러나거나 비참한 최후를 맞이했다. 뒤이어 많은 나라에서 선거가 치러졌다. 국민들은 오랜만에 자신들의 손으로 지도자를 선출하였다. 그 때만 해도 봄이 온 것처럼 보였다.

그러나 아랍의 많은 나라들에 도리어 겨울바람이 불기 시작했다. 동구는 자유화 물결 이후 정치의 민주화와 경제성장으로 나아갔지만 아랍의 봄은 기대한 것과 전혀 다른 방향으로 흘러가고 있다. 아랍 지식인 비샤라(Azimi Bishara)는 아랍의 봄을 "1950년대 이후 이 지역에서 일어난 가장 중요한 사건"이라고 말하면서 "그러나 정작 현실은 겨울이 되고 있다"며 안타까워한다. 아랍 지식인들은 "아랍의 봄 이전에는 한 사람의 가다피만 있었는데, 지금은 가다피가 백 명이나 된다"며 초조해한다.

2012년 타임지 특별부록지 『The New Middle East: After the Arab Spring, a different world unfolds (새로운 중동: 아랍혁명이후 다른 세계가 열리다)』는 아랍봉기가 몇몇 독재자만을 하야시킨 것이 아니라 지배자와 피지배자가 서로를 보는 눈을 바꾸었다고 분석한다. 현재 아랍의 사태를 『1984년』년에 빗대기도 한다. 조지 오웰의 『1984년』은 짐승들이 힘을 합쳐 폭군을 몰아내고 나니 더 무서운 '큰 형님(Big Brother)'이 등장하여 독재를 한다는 줄거리다. 이런 맥락에서 미국 국제정치학자 세트 존스는 독재국가에서 경제가 발전하면 민주주의로 나아가게 된다는 학설과, 독재자를 무너뜨리면 자유가 온다는 학설이 중동에서는 아직 통하지 않고 있다고 말한다. (Foreign Affairs, January/February, 2013: 60).

낙관적 견해

그러나 아랍의 봄이 겨울로 끝나지 않을 것이라고 보는 학자들도 있다.

컬럼비아 대학교(Columbia University) 국제정치학 교수 셰리 베르만은 아랍이 겪고 있는 현재의 모든 문제가 도리어 민주화로 나아가는 '혼란한 서막'이라고 낙관한다. 그러면서 프랑스 혁명, 이탈리아의 독재 이후 민주화 과정, 독일의 역사를 나열한다. 서구도 이러한 역사의 진통을 통하여 성숙한 민주주의를 달성하였다는 것이다. 따라서 아랍의 민주화 과정이 지금으로서는 아픔이지만 그것이 아랍의 모든 국민들에게 진정한 봄을 안겨다 줄 것이라고 주장한다. 서구에서도 혁명 이후 민주화로 나아가기까지 수십년이 걸렸던 것처럼, 중동도 그러한 과정의 시작일 뿐이라는 것이다.

그러나 요르단의 한 이발사는 이슬람교 문제를 언급하기를 피하면서 "십년이 지나야 이집트가 민주주의로 나가지 않겠느냐"고 넌지시 말한다.

"서구 혁명과 다르다."

그러나 셰리 베르만이 간과한 다른 측면이 있다. 그는 제2차 세계대전 이후 프랑스, 독일, 이탈리아의 민주화 과정 중 서구의 종교인 기독교가 구석으로 몰렸었다는 것을 간과하고 있다. 서구에서 기독교는 민주주의를 놓아주는 비계(飛階, 공사할 때 건물 측면에 놓는 임시다리)의 역할을 하고는 뒷전으로 밀려나고 말았다. 현재 아랍 봉기로 이득을 챙긴 자들은 무슬림형제단이다. 아랍의 많은 대중들은 무슬림형제단이 혁명을 공중 납치했다며 분노한다. 아랍이 결과적으로 민주화로 나갈 경우 세속화는 불가피하다. 민주주의는 정당, 이념, 종교의 다원화를 인정해야 한다. 특정 종교나 특정 이데올로기가 지배하는 사회를 민주주의 사회라고 볼 수 없다. 그러나 무슬림형제단은 이슬람교는 민주주의가 아니라고 노골적으로 선언한 바 있다.

이슬람주의자들(이슬람교 원리주의자들)은 자기 안방이 세속화되는 것을 원치 않을 것이다. 만약 그런 일이 벌어진다면 이들은 정체성의 심각한 위기를 겪을 것이다. 아랍의 봄은 이슬람주의자들과 세속적 이슬람국가를 원하는 시민들 간에 진정한 대화가 있을 때 가능할 것이다. 우리는 제3자의 입장이지만 아랍세계가 신정주의(theocracy)와 민주주의(democracy)의 싸움터가 되는 것을 방관할 수만은 없다.

서론에서 언급했듯이 셰리 베르만은 아랍의 현재 혼란과 갈등을 서구의 세 나라(프랑스, 독일, 이탈리아)의 역사에서처럼 민주화로 나아가는 불가피한 진통으로 해석한다. 그러나 프랑스, 독일, 이탈리아의 혁명에는 종교가 개입되지 않았다. 즉 종교에서 자유로웠다. 오히려 19세기 후반의 프랑스 혁명은 기독교를 말살하는 혁명이었다. 특히 로마 가톨릭교회, 수도원, 신부들이 수난을 당하였다. 프랑스의 계몽주의는 서구의 세속화 바람을 불러일으켰다. 이런 연유로 이슬람교 원리주의자들은 기독교와 계몽주의가 세속화의 원흉이라며 증오한다.

아랍의 봄은 이슬람교를 도리어 부흥시키고자 하는 혁명이다. 1950년대와 60년대가 아랍민족주의가 부흥한 시기라면 1979년 이란의 이슬람교 혁명은 이슬람교의 부흥을 자극하였다. 많은 아랍인들은 자신의 정체성을 어느 나라 사람으로 두기보다 '이슬람 교도'로 표현하기를 선호하는 편이다. 이집트에서 무슬림형제단은 이것을 잘 이용했고 세속주의자들과 자유주의자들은 이것을 못마땅하게 생각한다. 종교적 권위주의 정치의 등장은 이상하게도 경제를 후퇴시키기 때문이다. 튀니지 국민들은 독재자 벤 알리(Ben Ali)의 시대보다 지금 경제가 더 못하다고 불만을 쏟아낸다. 이집트는 더욱 심각하다. 나일 강의 유람선이 멈추고 피라미드를 구경하러 오는 관광객이 거의 없어서 경제적 타격이 심각한 지경에 이르렀다.

청년 혁명?

일부 아랍 연구자들은 아랍의 청년들에게는 '혁명'이란 없다고 말한다. 다른 말로 "혁명해 봤자 그게 그거다"라고 생각하는 편이라 한다. 심지어 "하루 밤의 무정부주의보다 수백 년에 걸친 억압이 더 낫다"는 아랍 속담도 있다. 그러나 아랍의 봄에서 아랍 청년들의 인내가 한계에 도달한 모양이다. 수십년의 독재를 더 이상은 참을 수 없다며 일어서고야 말았다.

봉기한 이집트의 청년들
(COMMONS WIKIMEDIA)

아랍 연구가들은 아랍 봉기를 '청년혁명'으로 말하기도 한다. 아랍의 청년 문화가 혁명을 주도했기 때문이다. 카이로 대학의 한 정치학 교수는 이집트 청년문화를 '인터넷 세대, 페이스북 세대, 이적세대'라고 정의한 바 있다. 아랍청년들의 56%가 인터넷을 사용하며, 54%가 TV 뉴스를 접한다. 반면 67%의 청년들은 생활비를 걱정하고 30%의 청년들은 가능하면 자기 나라를 떠나고 싶어한다. 아랍의 미래를 믿을 수 없다는 것이다. 경제적 한계를 느끼고 정치에 대하여는 공포를 느낀다. 이것을 정치 공포증이라고 한다. 돈을 벌어보았자 식비로 지출되는 비중이 무려 30%에서 많게는 50%를 넘는다. 참고로 한국과 일본은 아시아에서 식비 부담이 아주 적은 나라로 약 6-15%로 본다. 22개 아랍 국가 전체 인구 3억5천만 명 가운데 30세 이하 청년 인구가 60%이고, 실업률은 무려 40%나 되었다. 부모와 함께 생활하는 자들이 많고, 결혼은 사치스런 언어가 되었다고 한다. 이런 상황은 절망으로부터 탈출을 약속하는 급진적이고도 폭력적인 이데올로기에 인기를 실어주었다. 그러나 지하드는 혁명적 이데올로기로 인식되어 인기를 상실, 결국 빈 라덴은 파키스탄에 은거하게 되었다.

중동의 30세 미만 인구를 나라별로 분석하면 모로코는 전체 인구 4천만 명 중 57%, 리비아는 전체 6천 4백만 명 중 59%, 튀니지 1천만 명 인구 중 52%, 이집트 8천만 명 중 60%, 요르단 6백만 명 중 68%, 사우디아라비아 2천 7백만 명 중 57%, 예멘 2천 4백만 명 중 75%, 시리아 2천만 명 중 65%, 이라크 3천 2백만 명 중 70%, 바레인 130만 명 중 50%이다. 미국의 외교칼럼니스트이자 앵커인 파리드 자카리아(Fareed Zakaria)에 의하면 중동 인구 중 60%가 30대 이하인데 이들을 다루는 정치 형태는 '집단적 억압과 부패'라고 단정한다.

2. 혁명인가? 저항인가?

프랑스 작가 타하르 벤 줄룬(Tahar Ben Jelloun)은 아랍 혁명 이후 『아랍의 봄은 끝나지 않았다』는 책을 썼다. 이 책은 일본에서 번역되었을 뿐 아니라 일본 현지에서의 인터뷰도 있었다. 그는 아랍 사태를 이데올로기적 혁명이 아닌 국민들의 저항으로 해석한다. 개인을 존중하는 사상은 프랑스 혁명 이후 서구에서 발전한 것인 반면 이슬람교는 씨족, 부족, 가족 중심의 문화이다. 아랍 세계에도 공화제 대통령 제도가 존재하지만 시리아와 같은 경우 협박, 거짓, 부정 투표로 권력을 유지하고 있다. 이는 "형식적 민주주의"로서 눈속임에 불과하다는 것이다. 벤 줄룬은 이집트나 튀니지 역시 도덕적 윤리적 저항이라고 규정한다. 이집트인 및 튀니지인들은 독재, 부정부패, 국가재산을 횡령한 일에 타협하지 않고 저항한 것이다. 시위를 주도한 자들은 정치가들이나 당원들이 아니었다. 자국 국민들에 의해 자연발생적으로 일어난 것이지 사전에 치밀한 준비를 한 것이 아니라고 한다.

반면 이란의 호메이니가 주도한 혁명은 다르다고 한다. 시아파 이슬람 교도가 주도한 이 혁명은 그 자체가 정치이며 이 혁명을 위해 호메이니는 치밀하게 사전 준비를 하였다. 이맘, 믈라(mullah, 이슬람 학자 그룹), 아야톨라(ayatollah, 최고 종교지도자)의 수직적 상하관계는 그 자체로 명령체계이다. 알라의 정치를 실현하려는 소위 신정국가(theocracy)가 시아파의 종교이념이자 정치이념이다. 최고지도자는 알라의 지상 대리자이며, 마호메트의 직계로서 카리스마가 있다. 그러나 여기에 모순이 있다. 마호메트는 아랍인이고 이란의 최고 지도자는 아리안계의 페르시아인 후손이다. 따라서 혈통의 연속성 주장은 무리가 있다고 본다.

아랍 민중혁명: 미주타니 마코토(水谷周) 이론

일본의 이슬람교 전문가 미주타니 마코토(水谷周)는 저서 『아랍 민중혁명을 고찰한다』에서 아랍민중혁명이라는 말을 자연스럽게 쓰면서도 막상 혁명의 정의를 내리지 않는다. 그는 일본에 이슬람을 이해하기 쉽게 보급하고자 노력하는 이슬람학자로, 이미 많은 이슬람 책을 썼다. 그러나 아랍의 정치와 사회에 대해서는 부정적인 편이다.

일본의 중동조사회의 정기간행물인 『중동연구(中東硏究)』 2012년 2호 특집 』「중동변동과 선거」는 아랍의 봄을 '변동'으로 간주한다. 간행물은 아랍 전체에 대한 조명을 하지 않고 몇 나라의 선거 이후 상황을 정리하였다. 이론에 따르면 아랍의 봄 이후 아랍세계는 불확실성이 지배하고 있다고 본다. 리비아의 경우 가다피 이후 사회는 종교 회귀현상이 일어났다고 분석한다. 한 전문가는 이러한 사회현상을 '종말의 시작'이라고 진단한다.

혁명은 아니다

작년 말 타임지 특별 부록도 아랍 청년들의 마음에는 혁명정신은 없다고 분석한다. 그들은 정치에 관심이 없었고 부정부패를 보고도 모른 체 하였다. 자기들의 아버지 세대가 50년대와 60년대 시위를 해서 독재자를 추방하였지만 새로 등장한 지도자들 역시 다 독재자로 군림한 역사를 너무나 잘 안다는 것이다. 리비아의 카다피, 이집트 호스니 무바라크(Hosni Mubarak), 사담 후세인(Saddam Hussein)이 대표적인 케이스다. 그런데 그런 그들의 분노가 폭발하였다. 카이로 타흐리르(Tahrir) 광장의 청년 시위대는 빵, 자유, 정의를 달라고 외쳤다. 그 중 가장 중요한 것은 역시 빵이었다.

만약 아랍의 봄을 '혁명'이라고 하면 이는 분명히 실패한 혁명이다. 작년 타임지는 1848년 프랑스 혁명과 2011년 아랍의 봄을 비교하면서 실패할 것이라 분석하였다. 그 예언은 적중한 셈이다.

1848년과 2011년 비교

아랍의 봄 당시 타임지는 아랍 사태를 혁명으로 단정하고 1848년의 프랑스혁명과 2011년의 아랍혁명이 아주 유사하다고 비교하였다. 내용을 요약하면 첫째, 1848년 프랑스혁명 당시 프랑스 국왕 루이 필립은 전제군주로서, 당시 시민들은 배가 고팠고 지식인들은 민주주의에 대한 강한 열망으로 들끓었다. 결국 민중들이 봉기하고 군대 또한 왕에게 등을 돌림으로 국왕은 영국으로 도망을 갔다. 튀니지와 이집트 사태도 역시 이와 같다. 두 나라 역시 군대가 민중의 편을 들었다. 파리혁명이 전 유럽에 연쇄반응을 일으킨 것처럼, 튀니지 사태는 중동을 향해 불을 붙였다. 프랑스 혁명은 새로 발명된 전보가 관련 정보를 유포시켰고, 중동은 인터넷이 그 역할을 담당하였다. 칼 마르크스(Karl Heinrich Marx)는 파리를 방문, 프랑스 혁명을 직접 보고 공산주의 이론을 발전시켰다.

혁명 후의 결과는 더욱 중요하다. 프랑스 혁명 이후 사회 혼란으로 많은 천주교신자들은 개신교 국가인 미국으로 이민을 떠났다. 북아프리카의 이슬람 교도들과 많은 유색인종들이 기독교 국가인 유럽으로 도피하였다. 튀니지와 가까운 이탈리아는 불법 이민자로 골치 아프다. 1848년 프랑스 혁명처럼 현재의 아랍 혁명도 혼란이 뒤따르고 있다는 것을 강조하고 있다. 이는 대단히 의미심장한 비교이다. (Kur Andersen, "1848 VS 2011: In the shadoew of the past," TLME, March 21, 2011:26-27).

2002년 토마스 카로더스(Thomas Carothers)는 「변천 패러다임(transition paradigm)의 종언」이라는 학설을 발표하였다. 이에 따르면 독재타도는 결코 민주화의 지름길이 아니라 도리어 많은 나라들을 회색지대로 만들어 버린다는 것이다. 독재자가 물러난 후 새로운 정부의 기능은 과거의 절반에 불과하고 도리어 강력한 소수의 과두정치(寡頭政治)를 등장시킨다고 하였다. 시카고 대학교 정치학교수 마이켈 알베투스와 워싱턴 대학 빅톨 메날도 교수도 2013년에 발표한 글에서 아랍의 봄 이후 중동은 민주화로 나아가지 못했다고 평가한다. 제2차 세계대전 이후 전 세계에 50번의 혁명이 일어나 권위주의적 정권을 무너뜨리거나 또는 잘못된 민주주의를 초래하였다. 특히 독재정권 하에서 일어난 혁명은 1/3만 민주화로 발전하였다. 중동에서 일어난 혁명 중에서 가장 명예롭지 못한 혁명은 이란의 호메이니 혁명과 이집트 안와르 사다트와 호스니 무바라크의 '공화국' 독재라고 한다. 현재 리비아는 '약탈자들'이 민주화를 지연시키는 것도 모자라 민주화라는 열차를 탈선시키는 행동을 하고 있다. 이집트와 튀니지의 경우는 이전의 권력 엘리트들 및 신생 엘리트들이 자기들의 이익만을 챙기기 위하여 권력투쟁을 벌이느라 다수인 국민들의 이익은 외면하고 있다고 한다. (Michael Albertus and Victor Menaldo, "Aftermath of revolution," *International Herald Tribune*, Friday, February 15, 2013: 6.). 이것은 중동에 대한 아주 의미 있는 분석이다.

따라서 아랍의 봄을 혁명으로 부르는 것은 무리가 있다. 혁명이란 이념이나 종교에 기초하여 기존의 사회질서와 가치를 무너뜨리고 새로운 질서가 세워지는 것을 의미한다. 1979년 이란에서 호메이니가 이슬람교 최고지도자로 등장하여 이슬람교 공화국을 세운 것이 바로 역사상 유례없는 종교적 혁명에 해당한다.

3. 아랍의 봄 : SNS의 위력

아랍의 봄은 소셜 네트워크 서비스(Social Network Service) 덕분이라고 말한다. 소셜 네트워크 서비스란 주로 페이스북(Facebook), 트위터(Twitter) 등 네트워크 가입자 간에 주고받는 메시지 서비스를 말한다. 가령 튀니지 봉기에 불을 붙인 것은 한 여대생이 찍은 비디오였다. 그 여대생은 아파트 베란다에서 밖을 보다가 우연히 어떤 사람이 경찰에 매 맞다가 죽는 장면을 목격하고 이를 휴대폰으로 촬영하여 무심코 다른 사람에게 전했다. 그녀는 알 자지라(Aljazeera) 방송과의 인터뷰에서 그것이 페이스북에 그토록 엄청난 반응을 불러일으키리라고는 자신도 몰랐다고 말했다. 소셜 네트워크 서비스는 국경이 없다. 서구 학자들은 인터넷이나 소셜 네트워크 서비스가 인권, 자유, 민주주의라는 보편적 가치관을 확산시키는데 기여할 것이라고 예언하였다. 그러나 이러한 문명의 이기가 반드시 유익한 방향으로만 흘러가는 것은 아니다.

아랍의 봄은 튀니지에서 한 청년의 분신자살로 촉발되었다. 튀니지의 한 작은 마을에 사는 부아지지(Mohammed Bouazizi)라는 청년은 대학원 졸업생이지만 직업이 없어 거리에서 채소장사를 하였다. 그런데 2010년 12월 17일 한 여자 경찰관이 자신의 채소 상자를 빼앗아가자 이에 항의했다. 그러자 그 경찰관은 그를 폭행했다. 화가 난 청년은 인근 경찰서에 가서 호소하였지만 아무도 들어주지 않았다. 그러자 근처에 있는 휘발유를 몸에 끼얹어 불을 붙였다. 그에게는 스마트 폰이 없었다. 그러나 누군가 이 장면을 촬영하여 인터넷에 올렸고 요원(燎原)의 불길처럼 아랍을 휩쓸고 말았다. 그 휘발유가 '아랍의 분노'를 촉발시켰다. 그래서 이를 두고 '트위터 혁명' 또는 튀니지의 '자스민 혁명'이라 부르기도 한다. 자스민은 튀니지의 국화(國花)이다.

이슬람교에서 자살테러는 죄가 아니라 도리어 천국에서의 큰 보상을 받는 믿음의 행위라고 믿는다. 그러나 그 청년의 자살은 분명히 죄다. 그런 그의 죽음이 튀니지 백성들의 분노와 좌절감에 불을 질렀다. 23년간 튀니지를 통치했던 대통령 벤 알리(Zine al-Abidine Ben Ali)는 사우디아라비아로 도망가고 말았다. 시위대들은 이어 과거 정권의 권력자들을 축출하였다. 당시 시위대는 축출당하는 권력자들을 향해 "그들은 우리의 돈을 훔쳤다"고 외쳤다.

필자는 튀니지 혁명이 일어났을 때 중국인 지도자들과 함께 중동을 여행하고 있었다. 튀니지 혁명이 일어난 이틀 후, 카이로에서 중국인 지도자들과 함께 한 이집트 여성 정치학 교수로부터 이집트의 미래에 대한 강의를 들었다. 그 여교수는 이슬람 국가에서는 아래로부터의 혁명이 일어난 적이 없는데도 불구하고 유독 튀니지에서 그런 일이 발생했다는 것이다. 이집트 사람들의 경우 미래가 불확실할 때는 결코 모험을 하지 않는다고 말했다. 즉 시위는 있을 수 없는 일이라는 얘기였다.

그러나 3일 후 데모가 일어났고 무바라크는 결국 물러나고 말았다. 이집트 봉기도 튀니지 봉기와 너무나 유사하다. 알렉산드리아에서 한 청년이 분신자살했다는 소식이 불길처럼 널리 퍼지고 말았다. 프랑스 작가

무바라크 축출을 외치는 이집트 시민 (COMMONS WIKIMEDIA)

벤 줄렌은 저서 『아랍의 봄은 끝나지 않았다』에서 아랍의 봉기가 정당지도자나 야당 정치의 선동이 아닌 국민들의 감정이 폭발한 것임을 강조한다.

왜 일어났는가?

위와 같은 이유들로 미루어 우리는 아랍의 봄을 '봉기'로 해석한다. 그러면 봉기의 직접적 원인은 무엇인가? 학자들이나 정치 기자들의 결론을 다음과 같이 요약할 수 있다.

첫째 직접적인 도화선은 인터넷 혹은 SNS다. 이제 어느 정부도 정보를 차단할 수 없는 시대가 되었다.

둘째, 2009년 이란의 부정선거에 대한 이란 내 시위가 영향을 주었다고 본다.

셋째, 청년 실업이 특히 큰 원인이 되었다. 아랍의 봄은 청년들이 먹을 것을 달라고 요구한 것에서부터 시작되었다.

넷째, 장기독재와 부정부패 역시 봉기의 원인이다. 대부분 후진국이 안고 있는 공통된 현상이다.

다섯째, 언론의 자유, 인권 유린 등 인간의 존엄성을 무시당한 것에 대한 불만이 컸다. 복종을 너무 강요당하였다. 대부분의 아랍국가에서 내부로부터 민주화 요구가 있었다.

여섯째, 외부로부터 압력이다. 특히 미국은 친미 성향의 아랍 국가를 가까이하면서도 민주화를 요구하였다. 이라크 전쟁은 중동에 민주화 도미노 현상을 가져왔다.

이슬람교 전문가 이케우치 사토시토시는 아랍의 봄이나 과격파 이슬람 교도들의 테러활동 원인을 아랍 세계의 빈곤에서 찾는 것은 무리라고 지적한다. 실제 일인당 GDP로 따지면 중동보다 동남아 국가들의 상황이 훨씬 열약하다. 그러나 아직까지 동남아시아는 비교적 조용하다.

그러나 다른 복합적인 요인도 있으니, 가장 대표적인 것은 아랍의 자존심이 크게 상처를 받았다는 점이다. 아랍인들은 자존심이 강하다. 가령 사우디아라비아 사람들은 자기들이 일등 국민이라고 자부한다. 아마도 이는 이슬람교가 최고 종교이므로 이슬람교를 탄생시킨 자신들의 나라가 최고라는 자부심, 또한 돈이 많다는 자부심이 작용한 것으로 보인다.

그러한 아랍 국가가 이념적으로 자존심에 큰 상처를 받았다. 2차 세계대전 이후 대부분 아랍 국가들은 이념적으로 공산주의를 더 가까이하고 경제적으로는 사회주의 노선을 택하였다. 그러나 구소련의 붕괴로 아랍을 지원하였던 공산국가들이 몰락하면서 아랍국가에 실망과 좌절감을 주었다. 설상가상으로 러시아와 중국은 경제적으로 공산주의나 사회주의를 버리고 자본주의로 돌아서고 말았다. 아울러 중동지역에서도 미국의 입김이 강하게 작용하기 시작하였다. 아랍 국가들은 큰 석유 소비국인 서구나 미국을 무시할 수 없게 되었다. 그러나 미국의 친(親)이스라엘 정책과 자국 독재 권력의 지지가 국민들의 반발을 샀다. 이런 의미에서 아랍의 봄은 어느 정도 반서구 반미 감정도 작용하였다고 본다.

4. 아랍의 불확실한 미래

이집트에서 시위가 한창일 당시, 많은 이집트 시민들이 미래를 걱정했는데 그 우려가 적중했다. 독재자들은 야당을 키우지 않았고, 무바라크가 물러난 후 이집트에서는 정권을 이양 받을만한 지도자도 조직도 돈도 없었다. 다만 이슬람교 정당이 유일하게 준비된 야당이었다. 그러나 이슬람교 정당은 민주주의와 거리가 멀다는 사실이 속속 드러나고 있다. 민주주의 사회로 나아가기 위하여서는 서구처럼 자발적인 시민 조직이나

시민들의 데모데를 진압하는 이집트 정부군 (COMMONS WIKIMEDIA)

관련 기관들이 많이 있어야 한다. 더불어 민주적인 선거 시스템과 경험이 뒷받침되어야 한다. 대부분의 이슬람교 국가에서 권력은 총에서 나왔지 공정한 국민 투표의 산물이 아니다. 이슬람교 국가에서 투표는 대체적으로 힘 있는 지도자들의 생각을 미리 알고 표로 동의해 주는 '요식행위'에 그칠 때가 많다. 그래서 항상 심각한 선거 후유증을 남긴다. 이란 선거가 대표적인 것이다.

특별히 이슬람교 국가의 헌법은 민주화를 어렵게 한다. 많은 이슬람 국가들의 헌법 상 이슬람교는 국교이다. "이슬람교는 법의 근원이다"라고 명시되어 있다. 정치는 종교의 하부구조이다. 이란에서는 '최고 지도자(Supreme Leader)'라는 직위가 있는데, 이 지도자는 국회가 결정한 법이 알라의 뜻에 일치하는지를 결정하며 대통령과 국회 위에 군림한다. 그러면서도 주권은 국민에게서 나온다고 말한다. 이것은 상호모순이다. 즉 신권을 앞세운 비민주주의이다.

끝이 보이지 않는 시리아 내전

아랍의 봄으로 가장 심각한 위기를 맞고 있는 나라는 시리아이다. 시리아는 아랍 국가 중 가장 불확실한 나라이기도 하다. 시리아는 종교와 부족이 아주 복잡하게 얽힌 국가다. 바샤르 알 아사드 (Bashar al-Assad)는 알라위파 이슬람 교도로서 현재 약 150만명의 알라위파 사람들과 결사항전으로 반군과 싸우고 있다. 그들은 반군에게 항복하면 죽음 이외에 아무것도 없다는 것을 잘 알고 있다. 거기다 다른 시아파 이슬람교 국가들이 적극적으로 아사드 정권을 지원한다. 2012년 국회의원 선거에서도 정원 250명 중 15명은 부족장이 선출될 정도로 부족의 영향도 크다. 부족장들과 일부 기독교 신자들은 아사드를 지지하거나 침묵한다. 요르단으로 탈출한 난민들 중에 시아파나 알라위파 사람들, 그리고 기독교 신자들은 거의 없고 대부분 수니파 이슬람 교도들이다. 결국 시리아 내전은 수니파와 시아파의 대리전 양상을 띠고 있다. 아랍연맹은 시리아 문제에 완전히 속수무책이다. 수니파 국가인 사우디아라비아, 쿠웨이트 등은 노골적으로 반군에게 무기와 자금을 제공하고 이라크의 수니파들도 반군을 지원한다. 이란과 레바논의 하마스 이슬람교 원리주의자 집단 역시 아사드 정부를 지원한다.

반군이 승리하여 시리아를 통치할 경우 예상되는 시나리오에 따르면, 외부 세력으로 구성된 강경파 이슬람교 세력들과 국내 온건파 반군들과의 새로운 내전이 발생할 것으로 보고 있다. 아랍연맹이 적극 개입을 꺼리는 것도 이러한 시나리오 때문이라는 추측이 설득력을 얻고 있다. 대부분 아랍 국가들도 무슬림형제단들이나 다른 과격파 이슬람 집단이 한 나라를 지배하는 것을 원하지 않는다.

시리아 사태를 더 어렵게 하는 또 다른 주된 원인은 러시아와 중국이 시리아를 지원하는데 있다. 러시아나 중국은 국제 외교에서는 항상 공동 노선을 취한다. 이 두 나라는 국제외교에 있어 인권이나 민주화라는 잣대를 사용하지 않는다. 이미 자신들의 나라가 인권과 민주화와 거리가 멀기 때문에 이 잣대를 다른 나라에 적용할 수 없기 때문이다. 다시 말하면 이 두 나라에게 인권, 자유, 민주화라는 보편적 가치를 세계화시키기 위해 역할을 맡긴다는 것은 아직 기대할 수 없는 일이다. 시리아 반군은 3월 초에 자신들이 확보한 지역에 임시정부를 세우려고 한다. 이런 시나리오대로라면 시리아는 결국 분열을 면하기 어렵다.

인터뷰한 시리아 난민 가족 4명의 생활 공간. 집이라고 볼 수 없다. (왼쪽) 주인집 마당 한 편에 난민들이 머무는 공간이 있다. (오른쪽)

시리아 난민 문제

결국 시리아 사태로 제일 큰 피해를 입은 사람들은 시리아 국내에 있던 시리아인들이나 외국으로 탈출한 시리아 난민들이다. 이미 시리아로 피난 온 난민들은 무려 60만을 넘을 것으로 추산된다. 필자는 2013년 2월 21일 요르단 자타리 난민촌 부근에서 난민촌을 탈출한 한 청년 가족과 인터뷰를 하였다. 그 내용을 간단히 정리하면 다음과 같다.

① 시리아 국경을 넘을 때 정부군은 피난민들을 무조건 총살하는데 자기 가족들은 생존에 성공하였다.
② 4일을 걸어서 요르단 국경에 도달하자 요르단 군인들이 친절하게 입국을 허락하였다.
③ 곧 난민촌에 들어갔지만 비바람으로 텐트가 무너지면서 어린 아들이 죽어 부인이 난민촌을 거부하였고 이후 밖으로 나와 방황하고 있다. 초라한 요르단 사람의 아주 작은, 개집 같은 공간에서 네 식구가 쪼그리고 잠을 잔다. 주인집 문은 밤낮 잠겨있다. 밤이 되면 주인집도 18명의 사람들로 북새통을 이룬다.
④ 요르단에 왔지만 여전히 "무슬림이 무슬림을 돌보지 않는다." 시리아의 이슬람교 협회에 가서 도움을 청하였으나 자기 부인에게 히잡과 옷을 줄 뿐 다른 도움은 주지 않았다.
⑤ "알라는 모든 것을 할 수 있는 힘이 있지만, 단지 지금 필요한 시련을 주는 것으로 생각한다."
⑥ 가지고 있던 휴대폰(대포폰)으로 시리아에 있는 부모들에게 전화해 절대로 요르단으로 오지 말라고 신신당부하였다. 죽더라도 고향에서 죽는 것이 낫다고 생각한다.
⑦ 알 아사드가 물러가지 않는 한 절대 돌아가지 않을 것이다.

요르단 정부의 난민 수용 의도는?

난민을 받아들인 요르단 정부의 역할은 치안을 책임지는 것이고, 구호 활동은 유엔이나 일부 NGO가 담당하고 있다. 주재원들은 요르단 정부가 난민들을 돕기보다 난민에 대한 외국의 원조를 받아들이기 위한 수단으로 난민들을 이용한다고 불평한다. 이라크 전쟁 때 요르단 정부는 이라크 난민을 받아들임으로 미국의 원조를 많이 받았다. 그러나 작금의 미국은 시리아 난민에게 좀 냉담하다는 것이 현지의 주된 반응이다. 이미 난민이 60만 명을 넘어섰고, 곧 100만 명이 될 것으로 추산하고 있다. 시리아 내 난민은 이미 200만 명을 넘고 있다.

그런 가운데 2013년 2월24일자 요르단 신문은 많은 난민들이 시리아로 돌아가려고 하는데 오히려 요르단 정부군이 이를 허락하지 않는다는 뉴스를 전했다. 난민들이 본국으로 돌아가고자 하는 이유 중 하나는 열악

1. 국제구호기구가 제공하는 천막이 있긴 하지만 열악함을 면치 못한다.
2. 극동방송이 난민들을 위해 1개당 250만원 가량의 컨테이너 400개를 제공했다.

한 난민촌 상황이다. 또 다른 이유로는 돌아가 싸우겠다는 의지다. 한 난민은 요르단 신문과의 인터뷰에서 음식과 무기가 없는 반정부군에게 자신들이 짐이 될 것 같아 4개월 전 시리아를 떠났지만 이제는 무기가 생겼으니 가서 싸우다가 죽겠다고 말했다.

불안한 이라크 미래 : "실패한 전쟁이다."

아랍 국가 중에서 미래가 가장 불확실한 다음 나라가 바로 이라크이다. 3월20일 조선일보는 미국의 대 이라크 전쟁은 실패한 전쟁이라는 미국의 여론을 소개하였다. 9.11테러 이후 세계는 미국의 아프간과 이라크 침공을 맹비난하였다. 지금도 이라크에는 대량살상무기가 없는데, 당시 잘못된 정보로 네오콘이 이라크 침공을 주도하였다고 비난한다. 이라크 전쟁을 실패로 보는 이유 중의 하나는 테러가 계속되어 정치와 사회가 혼란하기 때문이다. 작년 한 해, 테러가 가장 많이 일어난 나라는 파키스탄이었고 바로 그 뒤에 이라크가 있었다. 미군이 철수하면서 미국이 구상한 이라크 재건안은 시아파, 수니파, 쿠르드족, 심지어 기독교인들까지 인구 비례로 연방 국가를 만들어 석유수익을 인구 비례로 배분하는 것이었다. 그러나 시아파가 이 제안을 가장 먼저 거절한 것으로 전해진다. 지금 양파는 계속 테러전을 전개하고 있다.

"이라크의 현 상황은 숙명이다" : 야마오 다이의 이론

이라크는 처음부터 독재권력 아래서 불안한 평온을 유지하였다. 중동의 지식인들은 미군 철수 이후 이라크가 피바다가 될 것이라 이구동성으로 말하였다. 바그다드에서 유엔군으로 근무한 한 수단인 병사도 필자에게 미군이 철수하면 한 마디로 피바다가 된다고 하였다. 희한하게도 많은 사람들이 이라크의 미래를 '피바다'라는 공통된 단어로 표현한다.

이 문제에 대하여 일본인 학자 야마오 다이는 『현대 이라크의 이슬람주의 운동』에서 20세기 이라크 건국은 처음부터 '인공국가'였다는 것을 강조한다 (301페이지). 즉 다양한 이슬람 종파와 인종들을 하나의 민족국가(여러 민족들이 하나의 국가, 즉 정치공동체를 형성하는 것)로 만드는데 실패하였다는 것이다. 그러한 근거로 이슬람주의자들이 처음부터 국가중심의 민족주의보다 초민족주의(transnationalism), 즉 범이슬람주의를 내세웠음을 언급한다. 후세인이 집권하면서 바트 사회주의 정당을 조직하여 이라크 민족주의를 외친 적이 있다. 그러나 이는 독재 권력으로 하나가 되기 어려운 다양한 종파와 인종을 억지로 통합시킨 것에 불과하다. 결국 쿠르드인들의 반란을 화학무기로 대량 살상하였고 시아파의 계속되는 데모를 힘으로 억눌렀다. 범이슬람주의를 지향하는 이라크 정치인들에게 있어 독재 권력이 무너지거나 강력한 통치체제가 사라진 상태에서의 혼란은 어쩔 수 없는 이유가 있는 것이다. 미군의 철수 후 이라크의 미래는 그야말로 아무도 점칠 수 없다고 말한다.

5. 무슬림형제단의 득세

벤 줄렌은 아랍의 봄에서 무슬림형제단이 패배한 것으로 말한다. 그러나 실제로 무슬림형제단은 패배한 것이 아니라 가장 이득을 챙긴 집단이다. 지금도 아랍의 미래가 이들의 향방에 달려 있다고 해도 과언이 아니다. 이런 이유들로 무슬림형제단이 집중 조명을 받고 있다. 이 조직이 현대 이슬람교 원리주의의 시조라고 해도 과언이 아니다. 혼란의 와중에 이들은 큰 소리를 내기 시작했다. 튀니지에서 일부 이슬람교 강경파들이 창녀촌 골목으로 들어가면서 "알라는 위대하다. 무슬림 사회에서 매춘은 안 된다"고 외치자 경찰이 강제로 해산시키기도 했다.

무슬림형제단은 애초부터 민주주의에는 관심이 없었다. 이집트의 비폭력 시위가 한창일 때 사태를 관망하던 알 카에다가 2월 21일 드디어 입을 열었다. "민주화는 지옥으로 가는 지름길"이며 오직 테러만이 아랍 세계를 변화시킬 수 있는 유일한 수단이라고 주장했다. 알 카에다의 2인자 아이만 알 자와히리 (Ayman al-Zawahiri)는 "민주정부는 그 본질이 반종교적이다"라며 이집트는 그동안 소홀히 했던 이슬람교의 가치를 속히 회복

해야 한다고 주장했다. 알 카에다의 아라비아 반도 지부(AQAP)가 출간하는 「사다 알말라함(전쟁의 메아리)」의 사설에서는 서구식 민주주의가 지옥으로 가는 길이라며 비난을 퍼부었다. 그와 동시에 튀니지가 빨리 신의 법을 정착시켜야한다고 전했다. 이집트가 본 고장인 무슬림형제단이 이집트 혁명 후 제1당으로 등장할 수 있었던 까닭은 무바라크 시절에도 무슬림형제단이 20% 가량의 지지층을 가진 제일 강한 야당 세력이었기 때문이었다. 그들은 이념, 조직, 그간의 정치경험을 기반으로 대중의 인기를 누릴 수 있었다.

한편 이란 종교 지도자들 역시 아랍의 봉기를 부채질하였다. 이란은 아랍 국가들을 이슬람교 신정국가로 되돌리고자 많은 노력을 기울이고 있다. 특히 아랍의 봄을 계기로 수니파 세력을 약화시키고자 한다. 이란의 최고 지도자 아야톨라 알리 하메네이 (Ayatollah Ali Khamenei) 는 이집트 혁명이 모스크로부터 시작되었다고 전하면서 무바라크야말로 자유의 적이며 시온주의의 아첨꾼이라고 비난하였다. 이란에서도 데모가 일어나자 이란 국회의원 299명 중 220여명이 이란의 야당 지도자 호세인 무사비(Hossein Mousavi)와 매디 카루비(Mehdi Karroubi)를 사형에 처하라고 외쳤다.

아랍 에미리트 연방은 이란과는 정반대로 무슬림형제단을 비판한다.

아래 글은 아랍 에미리트의 한 이슬람교 지도자가 무슬림형제단을 비판한 내용을 요약한 것이다.

"아랍의 봄과 무슬림 형제단의 몰락"

얼마 전 프랑스 내무장관 마누엘 발은 튀니지 야당 지도자 초크리 벨라이드(Chokri Belaid)의 암살을 이슬람교 파시즘(Islamics fascism)이라고 비난하였다. 튀니지 정부는 튀니지 주재 프랑스 대사를 불러 프랑스가 튀니지에 내정 간섭을 한다며 항의하였다. 프랑스 장관은 아무 대꾸도 하지 않았지만 나름대로 정보에 확신을 가진 것 같다. 이슬람주의자들은 정치권력을 독점하려고 하는데, 이것은 그들이 가진 근본교리의 한 부분이다. 이슬람교에 기반을 두고 정치를 펼치려는 무슬림형제단 역시 그 본질은 파시즘과 유사하여 배타성을 가진다. 형제단의 어느 개인도 개인적 견해를 함부로 말할 수 없다. 반대자는 추방당하는 경우가 너무나 많다. 무슬림형제단이 파시즘이라는 것은 굳이 프랑스 대사만의 주장이 아니라 사실에 근거한 평가다. 어떤 범(汎)아랍주의 사람들은 이러한 주장을 아랍 국가를 후퇴시키려는 국제적 음모로 본다.
최근 무슬림형제단 지도자 무하마드 바디는 이집트 국민들이 하나님을 경외하는 대통령을 선출한 덕분에 밀농사가 잘 되었다고 말하였다. 그러나 금년에는 무신론 정권의 러시아도 밀농사가 풍년이다. 그렇다면 그것도 지도자 덕분이라고 말할 수 있는가? 무르시가 대통령에 당선된 후의 이집트와 아랍의 봄 이후 라셰드 가누치(Rashid Ganuchi)가 통치하고 있는 튀니지의 상황은 더욱 나빠지고 있다. 혼란 속에서 정치적 암살이 일어나고 언론의 자유를 억압하는 상황이 벌어지고 있다. 새로운 파시즘은 대화가 없어 무르시나 가누치의 시대가 과거보다 더 좋을 것이라는 비전과 확신을 주지 못하고 있다. (Ali Bluwi, "Arab Spring and downfall of the Brotherhood," *Ara News, Saturday*, February 16, 2013:11.)

최근 아랍 에미리트 연방의 외무부 장관은 무슬림형제단이 민족국가를 인정하지 않으며 국가의 주권을 거부한다고 비판하면서, 이슬람주의

자들을 훈련시킨 혐의로 11명의 이집트인을 구속하였다. 많은 아랍국가 지도자들이나 종교 지도자들은 무슬림형제단들을 지극히 경계한다. 특히 사우디아라비아의 경우, 알 카에다와 같은 과격파들이 사우디 정부에 많은 어려움을 주기 때문에 빈 라덴을 추방하기도 했다.

강요된 거룩

이슬람교 윤리와 복장을 강요하는 무슬림형제단이 세속주의자들과 충돌하고 있다. 인구 1천만 명 중 98%가 이슬람 교도인 리비아에는 이미 서구식 자유가 유행하였었다. 해수욕장에서 여자들은 비키니를 입고 슈퍼에서 술이 판매되며 바에서 자유롭게 술을 마실 수 있다. 근래에 여성단체들은 혁명의 요란한 후유증으로 나라가 무리하게 탈(脫)세속주의 방향으로 나아가지 않을까 우려한다. 전(前)튀니지 민주여성단체 회장인 체리프는 아무것도 바뀌어서는 안 된다고 강조하면서도 현재 튀니지의 상황이 안심할 수 없는 수준이라며 경계를 늦추지 않는다. 일부 대규모 시위대들은 "모스크와 국가는 분리되어야 한다", "종교가 정치를 망쳤고 정치가 종교를 망쳤다"고 외친다. '르네상스'라는 이슬람교 정치운동 단체는 한 폴란드 신부가 죽은 것을 애도하였고, 말레이시아나 터키 방식의 관용과 온건주의가 필요하다고 역설한다. 이 단체는 이집트의 무슬림형제단과 가깝지만 튀니지에 이슬람교 율법을 적용하는 것은 반대한다. 일부 사람들은 자유에 취하여 자유를 잃을 수 있음을 우려하기도 한다. 개혁주의자들은 시위대들이 각자가 원하는 것을 말할 뿐, 공동선을 생각하지는 않는다고 비판한다.

이러한 종교적 충돌은 튀니지, 이집트 뿐만 아니라 다른 대부분의 아랍국가에서도 일어나고 있다. 특히 이란은 이미 이것을 경험한 바 있다. 사우디아라비아의 종교경찰은 대단히 무섭다. 과거에는 기도시간에 무릎을 꿇지 않으면 매질을 했고 이란에서도 남자들이 반소매로 팔을 노출하면 경찰이 뒤에서 매질을 하였다고 한다.

이슬람적 청교도 윤리를 실천하고자 하는 자들은 기독교의 청교도 역사를 배울 필요가 있을 것이다. 기독교 청교도는 지상에 존재한 기독교회 중 최상이라고 말한다. 그러나 마음속에 신앙이 없는데 엄격한 종교적 율법을 강요하자 사람들은 도리어 신앙을 버렸다. 유명한 문학 작품 『주홍글씨』는 강요된 율법주의를 고발하는 내용이다.

결론

아랍의 봄이 민주화로 발전하는 것은 아직도 좀 요원해 보인다. 독재자를 물리치고 나니 새로운 독재가 등장하고 있다. 국민들은 무슬림형제단들이 혁명을 공중 납치했다며 불만을 터뜨리고 있다. 소요, 봉기, 혁명을 겪은 나라들이 계속되는 혼란으로 경제가 아주 어렵다. 본서 제4장은 이집트에서 온 한 형제가 이집트의 상황을 간단하게 기고하였다. 내부자의 정확한 관찰이다. 국내와 국외에서 수 백만의 시리아 사람들은 엄청난 고통을 당하고 있다. 많은 석유가 도리어 '석유의 저주'를 낳고 있다. 소수의 권력자가 석유의 부를 독식하고 있다. 본서 제5장은 이집트에서 온 한 형제가 이집트의 상황을 간단하게 기고하였다. 내부자의 정확한 관찰이다.

서구나 아시아에서 혁명이 서서히 민주화로 발전한 도식이 아랍에서는 통하지 않고 있다. 신의 이름을 내세운 신권정치가 민주주의를 추방하고 있다. 아랍의 젊은이들은 세속주의적 이슬람교 국가를 원한다. 이슬람교 원리주의자들은 젊은 세대의 이러한 사상에 더욱 분노하는 것 같다. 이들은 과거 이슬람교를 잘 믿었을 때 황금시대가 있었다고 확신한다. 바야흐로 지금이 이슬람교에 기초한 황금시대를 실현할 수 있는 좋은 기회라고 믿고 있다. 이슬람 국가가 실패한 것은 참된 이슬람교를 버리고 공산주의, 자본주의, 세속주의를 도입하였기 때문이라고 말한다. 그들은 더욱 강경한 어조로 '이슬람교로의 복귀'를 외치고 있다. 그동안 이슬람 학교는 청년들에게 이 부분을 주입시켰다. 이 갈등이 향후 중동의 미래를 결정할 것이다.

이슬람의 아랍 국가는 중요한 전환점에 서 있다고 본다. 만약 이슬람이 민주주의를 발전시킬 수 있는 가르침과 사상이 있다면 분명 아랍 국가들은 현재의 갈등과 혼란을 극복하고 민주주의 국가를 이룩할 것이다. 그러나 지금은 분명 아랍의 봄이 아니라 겨울이다.

참고 문헌

서적

Dale Eickelman, The Middle East and Central Asia. New Jersey: Prentice Hall, 2001.

Francis Fukuyama, America at the Crossroads: Democracy, Power and the Neoconservative Legacy, 2006.

Wolfgang Gunter Lerch, Der lange Weg zum Frieden, Koehler und Amelang, München, 1996.

Bernard Lewis, The Multiple Identities of the Middle East. London: Phoenix, 1998.

Charles Lindholm, The Islamic Middle East. London: Blackwell, 1996.

Tarik Ramadan, The Arab Awakening: Islam and the New Middle East. Penguin London: Books, 2012.

George Sada, Saddam's Seccrets: How an Iraqi General Defied and Survived. Integrety Pub., 2006.

Bassam Tibi, Die Fundamentalistische Herausforderung: Der Islam und die Weltpolitik. Verlag C. H. Beck, 1992.

전호진『이슬람 원리주의의 실체』서울: 한반도국제대학원, 2007.

전호진『전환점에서 선 중동과 이슬람』서울: SFC, 2005.

신문·잡지

International Herald Tribune

Pnom Penh Post

Foreign Affair,

Ara News (Dubai)

朝日新聞

National Geography

The Economist

TIME

NEWS WEEK

DER SPIEGEL

일본어
日本国際問題研究所 編『湾岸アラブと民主主義 :イラク戦争後の眺望』評論社、2011.
山尾 大『現代イラクのイスラーム主義運動』有斐閣、2011.
水谷周,『アラブ民衆革命を考える』國書刊行會、2011.
中東調査會『中東研究』2012年度 Vol.1,2,3.
若林半『回教世界と日本』大日社., 昭和13年(1938년).
曾野綾子『アラブの格言』新潮社、2004.
池内 惠『現代アラブの社会思想:終末論とイスラーム主義』講談社、2002.
池内 惠,『アラブ政治の今を讀む』中央公論新社, 2004.
內藤正典,『イスラム戰爭の時代』2006.
宮田律,『イスラム世界戰略:コーランと劍ー1400年の擴大の歷史』2010,
大泉光一,『次の標的は日本』2004.
大野正雄,『中東見聞錄:東洋でも西洋でもない不知議な魅力』さきたま出版社、2001.
松本健一、『砂の文明、石の文明、泥の文明』PHP研究所、2003.
バーナード·ルイス、『イスラム世界はなぜ沒落したか?』日本評論社、2003.

필자 약력

전호진 박사는 고신대학교와 미국 웨스트민스터 신학교(Th. M)를 졸업하였고, 미국 풀러신학교 선교대학원에서 선교학 박사(D. Miss.), 영국 웨일즈대학교에서 신학박사(Ph. D) 학위를 받았다. 이후, 고신대학교 교수 및 학장, 피어선신학교(현 평택대학교) 학장, 아시아연합신학대학교 교수 및 대학원장, 횃불트리니티신학대학원 교수, 대한예수교장로회 고신총회 총무를 역임하였다.

2007년 이슬람과 이스라엘에 대한 객관적인 이해와 접근을 위해 투아아즈 네트워크를 창립하였다. 2012년 종교문화연구소를 통해 과격 종교 운동의 모니터링 및 우리 사회가 나아가야 할 종교관, 가치관, 이념을 제시하는 일에 힘을 쏟고 있다. 현재, 캄보디아장로교신학교 학장으로 재직하고 있다

저서로는 『이슬람: 종교인가? 이데올로기인가?』(2002), 『문명충돌시대의 선교』(2003), 『Religious Pluralism and Fundamentalism In Asia』(2002), 『전환점에 선 중동과 이슬람』(2005, 한중일어 출간), 『이슬람 원리주의의 실체』(2007), 『불교국가에 불교가 없다』(2010) 외 다수가 있다.

중동과 아랍 : 역사, 종교, 문화, 정치

전호진 (종교문화연구소)

중동은 성경 지리와 역사의 주무대이다. 중동은 매일같이 일어나는 크고 작은 사건으로 연일 뉴스의 초점이 된다. 중동은 많은 종교를 낳았고 동시에 많은 예언자를 낳았다. 그러나 미래를 예측하기는 너무 어렵다. 중동은 지정학적(geopolitics) 중요성 때문에 강대국들의 전쟁터가 되었고, 종교적으로는 유대교, 기독교와 이슬람이 충돌하는 지역이 되었다. 독일 정치학자 볼프강(Wolfgang Gunter Lerch)은 1996년 중동 연구의 좋은 책을 썼는데 제목은『평화로 향한 먼 길』(Der lange Weg zum Frieden)이다. 제목 자체가 13년이 넘은 저서지만 중동의 현실을 정확하게 묘사하고 있다.

서구 국제정치학자들은 중동을 서로 불신하고 배신하는 지역으로 단정한다. 중동을 비꼬는 재미있는 이야기가 있다. 나일강 백사장을 걷던 전갈이 강에서 헤엄치는 개구리에게 자신을 태워 여행할 것을 제안했다.

그 말을 들은 개구리는 전갈이 자신을 잡아먹을까 불안해했다. 이런 개구리에게 전갈은 그렇게 되면 자신도 죽게 된다며 개구리를 안심 시킨 뒤 둘은 함께 여행을 시작했다. 얼마쯤 갔을까? 본색을 드러낸 전갈이 개구리를 잡아먹으려고 하는 것이 아닌가? 놀란 개구리는 이러면 둘 다 죽게 된다고 전갈에게 말하였다. 그러나 전갈은 이에 아랑곳하지 않고 "그래! 이게 바로 중동이야!"라고 외치며 개구리 잡아먹기를 시도했고 결국 둘 다 죽게 되었다는 것이다. 이 우화는 서구의 국제정치학자들이 즐겨 인용하는 것으로, 중동은 서로 죽을 줄 알면서도 싸운다는 것을 빗댄 것이다.

중동은 지역적으로는 22개의 아랍 국가와 터키, 이란, 이스라엘을 포함한다. 이스라엘을 제외하고는 다 이슬람 국가인데 패권경쟁이 심하다. 수니파의 종주국 사우디아라비아와 시아파 종주국 이란은 서로 으르렁거리고 있다.

터키는 아랍국가 중에서 가장 근대화되고 민주화된 나라로 자부심이 대단하다. 레세프 타이프 엘도간 수상은 구(舊) 오스만 튀르크 제국의 야심을 가지고 터키의 중흥을 도모하지만 터키는 쿠르드족들의 분리독립운동에 몸살을 앓고 있다. 아랍인들은 수십만 명으로도 독립국가가 되는데 쿠르드족들은 3천만 명 이상이 됨에도 같은 무슬림들로부터 푸대접을 받는 나라 없는 백성이다.

아랍 국가들은 이미 제1장에서 언급한 대로 많은 변화를 겪고 있다.

중동이 시끄러운 이유 중 하나는 팔레스타인 문제 때문이다. 이란은 이스라엘을 지상에서 사라져야 할 나라로 규정하고, 아랍 국가들은 팔레스타인을 이스라엘에서 해방시켜야 한다며 힘을 모은다. 이처럼 팔레스타인 문제는 아랍 국가들을 결집시키는 힘으로 작용한다. 동시에 국내 복잡한 문제가 발생할 때는 팔레스타인을 이슈로 내세워 관심을 밖으로 돌린다고 국제정치학자들은 개탄한다.

1. 팔레스타인 : 종교와 국제정치의 격전지

유대인들이 홀로코스트 이후 팔레스타인으로 돌아와 1948년 이스라엘을 건국하면서 중동의 격동이 시작된다. 건국 초기에 영국은 유대인들의 팔레스타인 귀환을 차단하였지만 소용없었다. 유엔의 이스라엘 건국 인정은 아랍 세계로 하여금 반(反)서방으로 돌아서는 계기가 된다. 1948년 독립전쟁, 1967년 소위 6일 전쟁에서 수적 우위에 있던 아랍이 패배함으로 아랍 세계는 자존심에 큰 상처를 입게 된다. 작년 유엔은 팔레스타인을 준(峻)국가로 인정하였지만 두 나라의 문제는 결코 단순하지 않다. 팔레스타인은 땅을 강제로 빼앗고 백성들을 쫓아낸 이스라엘을 강도에 비유하고, 반면 이스라엘은 이런 일련의 행위들이 자신들의 생존권을 지키는 것이며 가자(Gaza) 땅도 자신들이 차지해야한다고 주장한다. 무려

1900년 동안 '자기 땅'을 떠났다가 어느 날 갑자기 돌아와서 기존의 거주자에게 땅을 내 놓으라고 할 때에 순순히 양보할 자는 없을 것이다. 그러나 두 종교가 명실공히 땅의 정당성을 자신들의 종교에서 주장하니 사태가 복잡할 수 밖에 없다. 유대-구기독교로부터의 영향과 홀로코스트에 대한 죄책감으로 서구가 이스라엘 건국을 허락할 수 밖에 없었지만 결국 이것이 중동 갈등의 핵심이 되고 말았다.

팔레스타인과 이스라엘은 세 종교의 영적 격전지이기도 하다. 기독교는 아마겟돈 전쟁의 중심지가 팔레스타인이나 이스라엘이 될 것으로 믿는 자들이 많다. 반면 이슬람이나 유대교의 메시아는 팔레스타인을 중심으로 한다. 극보수 유대인들은 메시야가 오면 유대인 중심의 하나님 나라가 예루살렘에 세워질 것으로 확신한다. 심지어 예루살렘 성전이 바로 재림장소라고 믿는 사람들도 있다. 그러나 불행히도 그 성전 자리에는 모스크가 서 있다. 그 모스크를 반드시 되찾아 성전을 재건해야 한다는 사상에 가세한 미국의 일부 과격 기독교인들이 모스크 파괴용 땅굴을 파다가 이스라엘 경찰에 발각되는 일이 있었다. 이런 이유들로 이스라엘 경찰은 이 모스크를 항상 감시하고 있다. 극보수 유대인들은 종말에 유대인들이 예루살렘으로 돌아오리라는 예언을 여자적(如字的)으로 해석하여 '땅의 신학'을 발전시켰다. 가자 지구의 모든 땅은 한 치도 아랍에게 양보할 수 없다. 그곳은 '야웨(Jaweh)'가 자신들에게 준 땅이며 모세오경이 바

아랍과 유대 분쟁의 발화점이 되고 있는 예루살렘 성지. 유대인의 통곡의 벽과 이슬람 교도들의 모스크가 함께 공존한다. (WIKIMEDIA COMMONS)

로 이것을 증명하는 '토지등기등본'이 된다고 생각한다.

반면 아랍인들에게 있어 팔레스타인은 알라가 자신들에게 준 땅이다. 무슬림들은 아흐마디(메시야)가 오면 먼저 유대인들을 다 '청소'하고 이후 알라의 황금시기가 도래할 것으로 믿는다. 이런 맥락에서 호메이니가 이란에서 이슬람 공화국을 시작할 당시 가장 먼저 예루살렘 해방을 선포했고 연이어 "시온 정부가 지도상에서 사라져야 할 나라"라고 외친 것이다. 이란은 이스라엘을 국가로 인정하지 않는다. 이란의 미사일은 이스라엘을 겨냥한 것이다.

2. 중동 : 강대국의 식민지 역사

다니엘 선지자는 바빌론 왕의 꿈을 해석하여 하루아침에 포로에서 출세한 신앙의 인물이다. 그가 해석한 네 짐승은 바빌론, 페르시아, 헬라(그리스 혹은 희랍), 로마이다. 이전에 이미 이집트가 중동을 석권한 강대국이었는데, 다니엘은 미래의 환상을 본 것이지 과거는 상관없었다. 이집트는 당시 세계의 강국이었다. 그러나 바로의 왕국도 다윗과 솔로몬 시대에 완전히 쇠퇴하여 힘을 쓰지 못하였다. 예레미야 선지자는 이집트의 미래를 정확하게 예언하였다. 이집트가 약하고 바빌론이 등장하기 전까지의 중동은 힘의 공백기였다. 그 사이에 다윗과 솔로몬이 중동의 일부를 지배하였다. 그때가 이스라엘의 황금시기였다.

바빌론은 위대한 바빌론 문명을 낳은 나라이다. 그러나 아주 무서운 강대국이었다. 일찍이 프랑스의 저널리스트이자 역사가인 르네 세디오(René Sedillót)는 『세계사 연구』(1949)에서 바빌론을 아주 잔인한 강대국으로 설명한다. 바빌론은 페르시아 제국에게 패망하고 만다. 구약 성경 에스더 1장 1절에 페르시아의 아하수에로 왕은 "인도로 구스까지 일백 이십칠도를 치리하는 왕이라"고 하였다. 여기서 도란 나라를 의미한다. 127개의 나라를 정복한 것이다. 다음은 그리스이다. 그리스의 알렉산더 대왕은 33살에 이집트에서 인도까지 정복한다. 다음은 로마제국이다. 서로마제국은 일찍 망하지만 7세기에 아랍 제국이 등장, 중동을 석권한다. 12세기 아랍제국이 쇠잔하는 틈을 타서 셀주크 튀르크가 예루살렘을 정복하여 십자군 전쟁이 일어난다. 그러나 16세기 오스만 튀르크가 셀주크 튀르크를 제압하고 기독교 국가인 비잔틴제국의 본산지인 터키를 정복한다. 동로마 제국은 오스만 튀르크에게 멸망하고 만다. 동로마제국의 수도 콘스탄티노플의 함락은 서구 기독교에 엄청난 충격을 주었다. 칼빈은 기독교강요에서 무슬림을 터키인으로 말하며 루터는 비잔틴제국의 멸망은 부패한 기독교회에 대한 하나님의 심판이라고 말하면서 무슬림을 무섭게 본다. 토마스 아퀴나스의 『신학대전』(Summa Theologica)도 이슬람을 많이 염두에 두었다. 이때 이미 문명충돌이 일어난 셈이다. 오스만 튀르크 제국은 일차대전에서 패배, 중동이 서구의 식민지가 되고 만다.

3. 중동의 정의

현재 중동국가들이 단일 인종의 국가 혹은 다인종, 다종교의 민족 국가(nation state)가 된 것은 이란, 터키 등 몇 나라를 제외하고는 모두 20세기에 들어서다. 먼저 중동과 아랍을 구별해야 한다. 사람들은 아랍과 중동을 혼돈할 수 있다. 이란, 터키, 이스라엘은 지리적으로는 중동에 속하지만 아랍권이 아니다. 중동은 주로 이슬람 문화권이지만 인종과 문화에 있어 무척 다양하다. 반면 아랍은 중동 국가의 다수를 차지하는 아랍인종으로 아랍어를 사용하는 사람을 아랍인으로 취급한다.

중동이란 말이 처음 사용된 것은 1850년대 영국의 인도사무소(India Office)였다. 그러나 이 단어가 본격적으로 사용되기 시작한 것은 1902년 미국 해군전략가 알프레드 마한(Alfred Thayer Mahan)이 아라비아반도와 인도 사이의 지역을 중동이라고 정의한 후였다. 1918년 오스만 튀르크제국 붕괴 전까지 학계에서는 이 지역을 근동(Near East)이라 불렀으나 극히 예외적인 경우를 제외하면 오늘날 '근동'이란 말은 거의 사용되지 않고 있다. 1902년 마한이 이 용어를 처음 사용할 당시, 미국과 영국은 중앙아시아에 자신들의 영향력을 강화하고자 경쟁관계에 있었다. 마한은 페르시아만의 전략적 중요성을 이미 인지하고 있었고, 그는 영국이 러시아의 중앙아시아 진출을 저지하기 위해서는 수에즈 운하와 페르시아만을 확보할 필요가 있다고 보았다. 1930년 영국이 카이로에 중동본부(Middle East Command)를 만들어 군사기지로 사용하기 시작하고 1948년 미국이 워싱턴 D.C.에 중동협회(Middle East Institute)를 만들자 중동이란 말은 유럽과 미국에서 널리 사용되었다. 민족적 구성이나 최근 정치적 상황에 근거하여 중동을 전통적 의미의 중동과 광의의 중동으로 구분하고자 한다.

좀 더 자세하게 설명하면 영국이 런던을 기점으로, 런던에서 먼 중국과 일본은 극동으로, 런던에서 가까운 발칸반도 지역은 근동으로, 그리고 세 대륙을 접하는 중동은 그 중간에 위치한다고 중동(the Middle East)으로 정의하였다. 동쪽의 중간이라는 의미도 되겠다. 따라서 중동이라는 용어는 이념적 혹은 문화적 차원에서 붙인 이름이 아니라 지리적인 개념인 것이다.

그러나 중동의 정의를 이념적으로 내리기도 한다. 냉전 시대 때 동구의 공산권과 서구의 자본주의 사이에서 동구의 공산권을 가까이 한 대부분의 중동 국가들은 사회주의 노선을 걸은 것을 두고 한 말이다. 극동의 일본이나 한국은 일찍이 중동 국가와 교류가 있었다. 경상도에서 비누를 '사부'라고 하는데 아랍어로 '사부'는 비누라는 뜻이다. 일부에서는 한국 사람들에게 중동의 피가 섞여있다고 말하기도 한다. 실제 경상도 인동 장씨(張氏)의 경우, 페르시아나 아랍에서 온 중동 사람의 후손이라고도 한다.

편향된 식민지 사관

우리 사회는 최근 들어 중동이나 아랍을 학문적으로 연구하기 시작하였다. 그러나 중동과 아랍 연구에 있어 종교는 중립을 유지해야 한다. 동시에 지나친 특정 이데올로기에 의한 연구도 지양되어야 한다. 20세기 중동 연구는 러시아 혁명 이후 '제국주의적 식민지론'이 강하다는 인상을 금치 못한다. 중동과 아랍이 서구 식민지의 결과로 무척 복잡하게 되었음을 비판한다. 그러나 중동 지역은 무려 400년 동안 오스만 튀르크의 지배하에 있었다. 영국 정보 장교 로렌스의 『아랍 이야기』는 사우디아라비아가 오스만 제국으로부터 해방하려는 스토리를 재미있게 꾸민 것이다. 오스만 제국이 제1차 대전에서 패하자 중동의 패권이 승자인 영국과 프랑스로 이양된 것이다. 마치 네덜란드가 무적함대 스페인을 이기자 스페인 식민지였던 인도네시아가 네덜란드로 넘어가고 필리핀이 미국으로 넘어간 것과 같은 원리이다. 20세기 세계사관을 지배한 서구 식민지론은 비서구가 지배한 식민지 시대를 간과하는 오류를 범한다. 인간의 역사는 서구, 비서구를 막론한 강자의 역사였다.

서구는 19세기 후반부터 중동을 학문적으로 연구하였다. 중동의 지식인들은 서구가 보는 중동이나 아랍에 편견이 많다고 못마땅해 한다. 에드워드 사이드(Edward Said)의 『오리엔탈리즘』이 대표적인 케이스일 것이다. 서구가 중동이나 아랍을 부정적으로 본 것은 주로 이슬람 때문이다. 역사적으로는 십자군 전쟁까지 거슬러 올라간다. 물론 십자군 전쟁은 잘못된 전쟁이다. 우리가 믿는 기독교는 더 이상 예루살렘이 성지가 아니다.

그러나 좀 더 솔직히 말하면 마호메트 사후 이슬람은 중동의 기독교 국가를 다 정복하고 구라파와 아프리카까지 진격하였다. 중동과 서구와의 관계만을 문명의 충돌로 보는 것은 무리라고 생각한다. 중동은 인종, 종교, 문화, 언어의 모자이크이다. 이슬람만이 중동의 종교가 아니다. 기독교도 중동에서 출생하였다. 더 부언하면 아시아, 특히 인도, 미얀마, 태국에서는 이슬람과 힌두교, 이슬람과 불교가 심각하게 충돌하고 있다.

동양도 서양도 아닌 중양

일부 일본인들은 90년대 초 중동을 중양으로 정의하였다. 아주 정확한 분석이다. 엄밀히 말하면 중동은 동양도 아니고 서양은 물론 아니다. 중양 이론의 근거는 무엇인가? 일찍부터 일본의 지역연구에 대한 관심과 수준은 아주 높다. 심지어 고등학교 교장들 수십 명이 그룹을 형성, 중동을 방문 연구하는데, 이들도 중동을 중양으로 정의한다. 오오노 마사오는 중동을 동양도, 서양도 아닌 이상한 매력의 지역으로 말한다. (大野正雄『中東見聞録：東洋でも西洋でもない不知議な魅力』(さきたま出版社、2001。).

첫째로 문명을 형성하는 소재를 중심으로 동양, 중양, 서양으로 구분할 수 있다. 일본인 학자 마츠모토 켄이치는 세계 문명을 모래 문명, 돌 문명, 진흙 문명으로 구분한다. 중국, 인도, 일본은 진흙 문명이고 서양은 돌 문명, 이슬람은 모래 문명으로 말한다. 이들 세 문명은 각자의 특징이 있다. 모래 문명은 네트워크를 형성하는 타입이고, 돌 문명의 서구는 외향성이 강하여 바깥 세계로 뻗어나가는 타입이며, 아시아의 진흙 문명은 내적으로 축적하는 힘을 가진다고 분석한다. (松本健一、『砂の文明、石の文明、泥の文明』PHP研究所、2003、10-28). 참고로 고대 희랍의 한 역사가 또한 세계 문명을 이렇게 세 가지로 분류한 적이 있다.

그러나 켄이치의 이러한 분류는 중세 무슬림 학자 이븐 할도운(イウン·ハルドウーン) 의『역사서설』에서 인용한 것에 불과하다. 흥미로운 사실은 이븐 할도운이 아랍 문명을 높이 평가하지 않았다는 것이다. 그는 사막의 아랍족을 '야만인'으로 결론 내렸다. 동시에 성벽도 없이 방어해야 하는 지형적 조건으로 인하여 그들이 용감하였으며 반면 그 용감함으로 약한 자를 정복했다고 말했다.

중동을 중앙으로 보는 또 다른 이유는 피부이다. 중동인 혹은 아랍, 심지어 유대인 및 터키인도 피부는 황색의 아시아인과는 다르다. 외형은 서양인처럼 백인에 가까운데, 머리카락은 다르다. 중동은 남녀 할 것 없이 이발 문화가 발전하였다. 수염도 강해서 우리처럼 부드러운 면도날이 아니다. 심지어 공중 화장실의 남자들 소변기는 동양인의 체격에 맞지 않는다. 음식 문화마저 중동은 동양과 서양의 중간이라 해도 과언이 아닐 것이다.

문화인류학자들은 동양 문화는 정적이고 서양은 동적이라고 말한다. 그러나 중동 사람들을 보고 조용하다고, 혹은 정적이라고 말하면 무언가 잘못되었다고 생각한다. 아주 다이내믹한 사람들이다. 2006년 독일 월드컵 당시, 이탈리아와 프랑스의 경기가 종료되기 직전 프랑스의 최고 선수인 지네딘 지단(Zinedine Zidane)이 이탈리아 선수와 '머리 박치기'를 한 것이 참으로 흥미로운 가십거리가 되었다. 온갖 추측이 난무하였다.

사우디를 상징하는 검은 뱀과 이란을 상징하는 흰 뱀 (TIME)

나중 알려진 바에 의하면 이탈리아 선수가 지단의 누이동생을 주제로 모욕을 한 것으로 알려졌다. 이러한 머리 박치기는 아랍국가, 특히 이집트에서는 흔히 볼 수 있는 장면이다. 자동차 접촉사고가 나면 운전수들끼리 차를 길 중간에 세워두고 이마를 맞대고 서로 고함을 지른다.

사막의 종교인 이슬람은 출생은 동양이지만 동양에서 태동한 힌두교나 불교 등의 동양 종교와는 많이 다르다. 힌두교, 불교는 대체로 명상과 참선의 정적인 종교이며, 개인적으로 도(道)를 통해 무아무념의 경지에 도달하는 것을 중시한다. 하지만 역동적인 이슬람은 마호메트 사후 칼리프들이 칼을 이용하여 중동과 중앙아시아 그리고 북아프리카를 정복하였다. 중동의 대표적인 종교인 이슬람은 개인적인 종교가 아니라 집단적인 종교라고 볼 수 있다.

불행하게도 중동국가들은 서로 협력자이면서 동시에 경쟁관계에 있다. 특히 이란과 사우디는 시아파와 수니파 종주국으로서 대립한다. 현재 시리아 내전은 수니파와 시아파의 대리전이라고 하여도 과언은 아니다. 특히 이슬람교의 주도권을 놓고 이란과 사우디아라비아의 대립이 갈수록 높아지고 있다. 작년도 타임지는 이란과 사우디의 대립을 흰 뱀과 검은 뱀의 싸움으로 묘사하였다. 실제로 사우디 정부의 한 관료는 미국 정부에게 "이란 뱀의 머리를 쳐 달라고" 주문한 내용이 폭로된 적이 있다.

중동하면 터키, 이란, 이스라엘도 포함된다. 핵실험으로 서구와 대치중인 이란은 아리안 인종이다. 힌두교를 만든 사람들이나 희랍인이 아리안에 속한다. 교과서에 나오는 페르시아는 이란이다. 터키는 투르크로서 중앙아시아의 유목민이었다. 몽골족의 사촌격이다. 투르크는 서구에 속한 옛날 비잔틴제국(희랍)을 침공, 현재의 터키를 세웠다. 터키는 지리적으로는 동양이지만 희랍 문명의 본산지이다.

4. 아랍의 정의

아랍은 지리적 개념이 아니라 인종적, 언어적 개념이다. 아랍인들은 코란의 글인 아라비아어가 자기들의 글이라고 여긴다. 다른 지역의 무슬림들보다 이 부분에 대한 자부심이 대단히 강하다. 코란이 이란어나 터키어로 번역될 때는 코란이 아니라 코란의 해석이 된다. 아라비아어는 가장 거룩한 언어이며 이슬람의 진리를 잘 보존하는 언어라는 자부심이 강하게 작용하기 때문이다. 이점에서 아랍인과 이슬람은 밀접한 관계를 가진다. 인종적으로 아랍인이면서 아랍어를 모국어로 사용하는 자들이 아랍인으로 간주된다.

그러나 보통 '아랍'하면 무슬림으로 생각하는데, 모든 아랍인이 다 무슬림은 아니다. 아라비아에서 이슬람이 등장하기 전인 630년대의 아랍은 주로 아라비아 반도에 사는 셈족 유목민들을 의미한다. 엄밀하게는 베두인족을 의미한다. 전 세계 아랍인의 인구는 약 2억5천만 명에서 3억 명으로 추산한다. 아프리카 서북부의 모리타니아, 알제리, 튀니지, 이집트, 소말리아, 아라비아 연안의 걸프 국가들로서 총 22개 국가가 포함된다.

일반적으로 이슬람을 믿고 아랍어를 말하는 사람을 아랍인이라고 말하는 것이 관례가 되었다. 즉 인종으로서 아랍인이라는 의미는 희박하다는 것이다. 아랍이란 명칭을 민족의 이름이기보다 문화의 개념으로 해석하는 자들이 많다. 현재 아랍인이라고 말하는 사람들은 다른 피가 섞였다는 것을 의미한다.

아랍어를 사용하는 22개 이슬람 국가들은 1945년 아랍 국가 연맹(영어: League of Arab States)을 조직하였다. 이 연맹의 결성 목적은 이 지역의 평화와 안전을 확보하고 아랍 국가의 주권과 독립을 수호하기 위함이다. 국제적으로 종교를 중심으로 정치 공동체를 형성한 사례는 중동에만 있다. 20세기 초기 사우드 왕가는 하나의 아랍 국가를 외쳤다. 그러나 그것은 아직도 요원한 현실이다. 성경에도 아라비아가 많이 나온다. 이사야 선지자는 아라비아에 대한 경고도 한다. "아라비아에 대한 경고라. 드단 대상들이여 너희가 아라비아 수풀에서 유숙하리라"(사 21:13). 드단 대상(大商)은 아라비안 대상을 의미하는 것 같다. 이사야서 13장20절에도 "아라비아 사람이 거기에 장막을 치지 아니하며"라는 표현이 나오는데 이를 통해 대상과 천막생활이 이들이 가진 삶의 특징임을 알 수 있다.

그러나 엄밀히 말해 아랍의 정의가 그리 간단하지 않다. 일각에서는 아랍어를 하는 사람을 무조건 아랍인으로 취급하기도 한다. 일본 동경대학교의 이슬람학 교수 야마우찌 나이또 박사가 시리아의 한 사막에서 시리아 원주민을 만났다. 원주민이 박사에게 어디서 왔느냐고 물었다. 야마우찌 박사는 아랍어를 알기 때문에 아랍어로 일본서 왔다고 답하였다. 그러자 그 원주민이 답하기를 "당신은 일본에서 온 아랍인이요" 라고 말했다는 것이다. 아랍어를 하는 모든 사람을 아랍인으로 생각하는 모양이다. 아랍의 정의를 언어를 기준으로 하는 것은 1969년대에 등장하기 시작한 아랍민족주의 때문이며 이는 독일어를 중심으로 민족주의를 발전시킨 독일의 영향으로 보기도 한다.

아랍국가에는 비(非)아랍인들도 많이 있다. 이집트인들이 콥틱(Coptic)인이라고 부르는 이들은 기독교 신자들이지 아랍인이 아니다. 레바논 인구의 40%는 기독교 신자들인데 상당수의 사람들은 아랍인이 아니며 시리아의 10%가 넘는 기독교인들도 아랍인이 아니다. 이들에게 무슬림간 인사법인 "앗살람 알라이쿰"(알라의 평화가 함께하기를)으로 인사 건네면 매우 불쾌하게 여긴다. 북아프리카의 리비아나 튀니지도 마찬가지이다.

5. 아랍 제국의 황금시대

이슬람 세계의 많은 사람들은 과거 이슬람에 황금시대가 있었는데, 이슬람을 잘 믿으면 그 황금시대를 다시 이룰 수 있다는 큰 꿈을 가지고 있다. 아마도 그 황금시기는 이라크의 바그다드를 수도로 하였던 아바스 왕조가 아닌가 생각한다. 모하메드 사후(AD 630) 사우디 사막에 아랍 제국이 등장하였다. 아랍 제국은 이란의 페르시아와 희랍이 서로 전쟁하여 세계를 거의 양분하였을 때 중간 세력으로 등장하였다. 당시 기독교 역시 서양 기독교회가 동양의 교회를 이단시하여 무시하였다. 사우디의 기독교회는 힘이 없었고 이단논쟁에 빠져있었다. 아랍 제국은 곧 막강한 페르시아를 정복하고 그 여세를 몰아 구라파, 아프리카, 중앙아시아까지 진격하였다.

아랍 부족을 선두에 세운 이슬람이 지중해를 무력으로 정복한 역사에 대하여는 30년 이상을 중동 지역의 특파원으로 근무한 아사히 신문의 기자 무다구지 요시로우는 다음과 같이 말한다. '코란의 칼(아랍 부족이 주축이 된 이슬람 군대를 지칭)'이 시리아에서 막강한 비잔틴 군대를 패배시키고 이어서 스페인과 북아프리카를 점령한 과정을 잘 설명한다는 것이다. 그는 이슬람이 당시 지중해를 정복한 주요 요인으로 하늘의 도움과 지리적 상황, 인재를 잘 등용하였다는 것을 지목한다. 하늘의 도움이란 당시 기독교는 로마의 기독교와 비잔틴의 기독교가 서로 경쟁한 것과 로마와 페르시아 또한 지중해에서 주도권 전쟁으로 지쳐서 힘의 공백이 생겼음을 말한다. 지리적 요인은 당시 기독교인들 중에도 아랍인들이 있었는데, 이들은 서방 기독교로부터 푸대접을 받았기 때문에 도리어 같은 아랍 부족의 침략을 환영하였다는 것이다. 즉 중동의 아랍인들은 아랍의 침공을 도리어 해방자로 맞이한 것이다. 또한 사막의 아랍인들이 북쪽의 오아시스를 절대로 필요로 하는 절박한 상황이 승리의 큰 원인이 되었다는 것이다. 그리고 정복지역에서 좋은 인재를 과감하게 등용하였다는 것이다. 그러나 더 중요한 사실은 당시 로마나 비잔틴의 기독교가 영적으로 쇠퇴하여 중동의 기독교회가 이슬람에 저항할 힘이 없었다고 보아야 할 것이다. 이미 서구 기독교는 흑암의 시대로 접어들 때였다.

첫 아랍제국은 시리아 다마스쿠스를 수도로 한 우마이야 왕조(661-750)이며, 다음은 이라크의 바그다드를 수도로 한 아바스 왕조(750-1258)이다. 아바스 왕조 때를 아랍제국의 황금시기로 본다. 이때 이슬람이 도리어 서구에 학문을 수출한 것에 대한 아랍인들의 자부심이 대단하다.

그러나 아바스 왕조 때 바그다드가 '지식의 센터' 노릇을 한 것은 아바스 왕조가 이전 왕조인 우마이야 왕조와는 달리 아랍인 우월주의를 버리고 '이슬람은 평등하다'는 원리를 실천, 다양한 인종을 품고 인재들을 등용하였기 때문이었다. 당시 희랍어와 희랍철학을 아는 많은 기독교인들도 포용하였다. 그리고 페르시아의 수준 높은 문명을 받아들였다. 이런 맥락에서 이란인들은 이슬람을 학문적으로 발전시킨 자들이 바로 페르시아 출신이라며 자랑스럽게 여긴다.

아랍도 정복자이다

무슬림들은 "칼이냐 코란이냐"라는 슬로건이 서구 기독교가 이슬람을 비하하기 위하여 조작한 잘못된 말이라고 생각하며 매우 불쾌해한다. 한국 교과서에도 이와 같은 말들은 모두 삭제되었다. 언젠가 초기 일본인 무슬림들이 아라비아 왕을 접견하러 갈 때에 코란과 칼이 그려진 마호메트 초상을 선물로 주려고 하였는데, 터키의 무슬림인 지식인이 우연히 그것을 발견하고 이 선물을 뺐다고 한다. 슬로건으로만 보면 참으로 양자택일을 강요당하는 것 같다. 마치 코란을 거부하면 죽고 만다는 인상을 주게 된다. 물론 사실은 그렇지 않았다.

그러나 아랍이 정복자라는 것은 역사가 말하고 있다. 아랍은 원래 아라비아의 베두인족을 의미한다. 그러면 어떻게 중동과 아프리카에 그 많은 아랍인들이 퍼지게 되었는가? 마호메트 사후 아라비아의 아랍족은 칼로 중앙아시아, 중동, 아프리카, 심지어 구라파까지 진격하였다. 중앙아시아에서는 당나라 군대가 달라스 전투에서 아랍군에 패배, 중앙아시아가 이슬람화되었다. 당나라 군대 장군은 고려인 고선지였다. 하지만 구라파에서는 투-르 전투에서 프랑스의 샤르망 대제에게 패하여 구라파 정복은 실패하고 다만 스페인 일부만 점령하게 되었다. 지금도 스페인에는 강력한 무슬림 공동체가 있다.

북아프리카의 리비아, 튀니지, 이집트는 본래 아랍인이 원주민이 아니었다. 리비아는 베르버 부족 혹은 아마지그 부족이 원주민이다. 가다피는 1969년 이드리스 왕을 폐위시키고 쿠데타로 정권을 잡아 독재자가 되었다. 그는 원주민 베르버족을 격하시키고 자신은 스스로 베두인의 후손(아랍인)으로 자처하면서 베두인의 텐트 문화를 고집하였다. 구라파를 국빈 방문할 때도 호텔에 자지 않고 천막을 치고 잤다. (Robert Draper, "Unseen Libya: Reclaiming Its Forgotten Past," National Geography, February 2013: 56).

6. 아랍의 문화와 사회

한 민족의 문화나 국민성을 간단하게 말하는 것은 결코 단순하지 아니하다. 2차 대전 때 미 국무성은 일본의 자살특공대 가미카제를 보고 일본 사람들의 문화와 기질을 연구하였다. 바로 루스 베네딕트의 『국화와 칼』이 미국인이 분석한 '일본론'이다. 그러나 일본 사람들은 그 책을 그리 달갑게 여기지 않는다. 아랍의 문화나 기질을 연구한 저서들 중 대표적인 것은 라파엘 파타이(Raphael Patai)의 『아랍인의 심성』(The Arab Mind, 1973)이다. 파타이는 헝가리 출신 유대인이다. 이 책은 2003년 미국이 이라크를 침공할 때 미군들의 문화인류학 필독서로 통할 정도로 미국 신보수주의자들(소위 네오콘)의 교과서였다. 파타이는 아랍인의 기질을 힘의 가치를 아는 것이고, 동시에 약점은 수치와 모욕감이라고 단정하였다. 여기에 대하여 아랍인들은 동의하지 않는다. 아랍 특유의 문화와 민족성이 현재 정치와 사회에 그대로 나타난다고 보아야 할 것이다.

아랍 세계는 전체로서 문화적 통합성을 가지고 있다. 이슬람이라는 종교로 중동과 아랍 국가들은 국제적 기구를 만들었다. 물론 다양성도 있다. 종교와 문화는 깊은 관계가 있다. 종교가 먼저인가 문화가 먼저인가를 물으면, 종교학자들은 종교가 먼저라고 하고 문화인류학자들은 문화가 먼저라고 주장한다.

아랍 문화 역시 이슬람이 아랍 문화를 낳았는지, 아랍 문화가 이슬람을 낳았는지 해답은 단순하지 않다. 세속적 국가에서 종교를 너무 거론하는 것은 터부시되거나 관심이 없다. 그러나 아랍은 이슬람교가 문화, 의식구조, 사상, 정치, 심지어 음식과 복장에까지 큰 영향을 미친다. 이슬람교의 율법을 시행하는 강도가 나라마다 다르다. 사우디아라비아는 가장 엄격한 이슬람교적 율법을 시행한다. 이슬람 청교도 국가라고 말하기도 한다. 여자들은 혼자서 외출이 금지되고 자동차 운전도 안 된다. 음악이나 어떠한 오락도 금지된다. 반면 아주 자유로운 나라들도 많다.

집단주의 문화

이슬람교는 사막의 종교이며 동시에 집단적 종교이다. 한 텐트에서 가족, 혈연 중심의 부족들이 함께 산다. 따라서 가족, 부족 중심의 공동체가 중요하다. 이것이 종교에도 영향을 주었다고 말한다. 이슬람교도 종말에 심판은 개인적으로 받는다. 살아서 의로운 일을 많이 하면 심판의 추가 의로운 쪽으로 기울어 천국에 간다. 그러나 이 지상에서만은 가족이나 이웃과 함께 해야 한다. 이민사회에서도 자기들끼리의 공동생활을 하

사나국립대학 이슬람학과 교수들과의 좌담

는 경향이 다른 인종들보다 강하다고 한다.

마호메트는 당시 서로 싸우는 부족들을 이슬람교로 통합하였다. 이슬람교가 지금도 가족통합, 사회통합, 국가통합의 구심점 노릇을 한다. 그래서 이슬람교에서 이탈자는 변절자요 배교자로 처형 1호 대상이다. 무슬림들은 친절하다는 것에 대해 많이 말하는데 그것은 사막에서 발전한 것이라고도 한다. 사막에서 여행자를 냉대하는 것은 여행자를 죽게 하는 것이나 다름없다. 필자도 이란 여행 중 택시기사 집에 초청을 받은 적이 있다. 지금도 젊은 부인의 친절을 잊지 못한다. 한 천막에서 사는데 있어 가장 편리한 체제가 바로 가족중심이다. 따라서 혈연공동체가 발전한다.

아랍 문화는 사람을 한 개인으로 보지 않고 집단으로 보는 경향이 있다. 최근 사우디에서 한 태국인 남자 근로자가 여성을 성폭행하는 일이 있었다. 사우디 정부는 한 사람의 태국 사람 때문에 모든 태국 근로자들을 추방하고 말았다. 태국 정부가 항의하였지만 소용없었다. 그래서 태국은 외교 관계를 단절하였다고 한다. 필자는 2007년, 지금 데모가 일어나고 있는 예멘 사나국립대학의 이슬람학과 3명의 교수와 이슬람과 아랍정치에 대한 인터뷰를 한 적이 있다. 미국의 대테러 전쟁을 어떻게 생각하느냐는 질문에 그들은 단 한마디로 '미국이 테러국가'라고 답했다. 그 이유는 이라크를 침공하였기 때문이다. 따라서 테러로 미국을 응징할 수 밖에 없다며 도리어 알 카에다를 옹호하였다. 이러한 집단주의로 인하여 이슬람 테러는 참된 이슬람이 아니라고 하면서도 부시보다 테러의 주역인 빈 라덴을 영웅시한다. 내 편과 네 편은 도덕적 기준에 의한 것이 아니라 철저히 종교와 인종이다.

돼지고기 금물

아랍은 음식문화와 복장 및 사회관습에서 이슬람교가 중요한 자리를 차지한다. 음식의 경우, 돼지고기가 절대 금물이고 술도 금지된 식품 중 하나이다. 특히 할랄(halal) 식품이 전 세계의 모든 식품점에서 판매될 정도로 이용자가 많다. 할랄이란 허용된다는 것을 의미하는데, 돼지고기가 들어가서도 안 되며 고기는 단칼에 죽여야 하는 등 준수해야 하는 종교적 법칙이 있다. 코란 제5장 3절은 먹을 수 없는 육식에 대해 말하고 있다. 알라의 이름으로 잡지 않은 것, 목 졸라 죽인 것, 때려잡은 것, 떨어뜨려 죽인 것, 우상에 제물로 바쳤던 고기나 돼지고기와 죽은 고기, 피도 금지 식품이다. 양·소·염소·낙타 등과 같은 초식동물은 먹을 수 있고, 바다에 사는 고기나 동물들도 허용된다. "바닷물은 깨끗한 것이며 그 안에서 죽은 동물 또한 먹어도 좋은 음식이니라."고 했다.

어느 아랍 국가에 한국 라면회사가 라면을 수출하였는데 내용설명서에 아주 작은 글씨로 돼지기름이 들어갔다는 것이 기재되었다. 그 사실을 한 아랍 여성이 발견하여 고발해 전량 수거되었다. 덕분에 그 라면은 모두 한국교민들에게 돌아갔다.

술도 금물

이슬람 국가에는 술집이 없다. 술은 절대 금물이다. 아랍 국적의 비행기에서 와인을 기대하면 안 된다. 이슬람교 윤리에서 경건과 불경건은 내면적 도덕률보다 외부적인 것으로 판단하는 것이 많다. 여자들이 몸을 노출하는 것도 불경건이지만 무슬림이 술을 즐기는 것도 아주 무서운 악으로 간주된다. 한 번은 암만에서 두바이 비행기를 탔는데 팔레스타인 청년이 옆자리에 앉았다. 그는 나에게 이슬람 전도를 하였다. 좀 서투른 영어로 진리의 도를 믿고 선한 행위를 해야 천당에 간다고 하였다. 그러면서 갑자기 로제 가로디(Roger Garaudy)를 거론하면서, 그는 무슬림인데도 평생 술을 끊지 못하고 있어 죽은 뒤에 나쁘게 될 것이라 말했다. 가로디는 프랑스의 유명한 지식인 공산주의자였다. 공산당을 신랄하게 비판하여 당에서 제명당한 후에는 이슬람교로 개종하였다. 특히 그는 반유대주자로 변신, 홀로코스트는 역사에 없었다고 주장하며 '이스라엘은 지구상에서 사라져야 할 나라'라고 외치는 이란을 열렬히 환호하였다. 이집트를 위시한 많은 아랍 국가들이 그를 21세기 최고의 지성인이라고 찬양하였다. 일반 무슬림들도 그를 다 알 정도이다. 그러나 그 가로디가 술 때문에 무슬림들을 실망시킨 것 같다.

이슬람교는 술을 금하지만 일부 이슬람 국가에서 술을 판다. 집에서 먹는 것은 무방하다. 지상에서는 공식으로는 금지되지만 천당에서는 술을 먹을 수 있다. 지하디스트가 자살특공대로 알라를 위하여 '순교'하면 선행과 악행을 저울질하는 심판의 저울대에 서지 않고 바로 천당 간다. 천당에서 72명의 미녀들이 술과 고기를 대접한다고 하디스가 가르친다.

체면문화

비서구문화는 수치문화이고, 서구문화는 죄문화라고 한다. 아랍의 체면문화는 다른 아시아 국가들보다 훨씬 강하다. 가족이나 가문의 명예가 훼손될 경우 식구도 죽이는 소위 명예살인은 서구에서도 종종 문제가 되고 있다. 딸이 강간을 당하면 가해자를 법적으로 대응하기보다도 가문의 명예를 실추시켰다고 아버지가 딸을 죽이는 일이 종종 있다. 사우디에서는 공개적으로 태형이나 심지어 교수형에까지 처하는데, 아마도 이것은 체면문화의 결과라고 보아야 할 것이다.

남녀 구분이 강한 문화

아랍 문화는 이슬람교의 영향으로 남녀 구분이 아주 철저하다. 모스크에서 예배도 대체로 남자 홀과 여자 홀이 분리된다. 함께 할 경우 주로 여자들이 뒷자리를 차지한다. 모임에서도 여자들은 뒷자리에 앉는 것이

예의이다. 집에 초대받을 때도 부인이 남자 손님을 직접 접대하지 못한다. 큰 집이나 아파트는 남자용 입구, 여자용 출입구가 따로 있다. 손님을 접대할 때 부인이 남자 방에 음식을 차려놓으면 주인이 손님을 방으로 안내한다. 버스도 남녀가 분리되는 경우가 많다. 요르단의 사해 바다에 최근 최신식 리조트가 생겼다. 인공호수가 있어서 수영을 하는데, 여자용 수영장은 높은 원형으로 둘러싸인 스타디움식이어서 밖에서는 볼 수도 없다. 경건한 무슬림 여자들은 얼굴까지 가리는 히잡을 하는데 식당에서 밥 먹을 때는 히잡을 약간 위로 올리고 수저를 입으로 넣는다. 얼굴을 완전히 가린 여자들은 립스틱이 필요 없을 것 같은데 립스틱이 잘 팔린다고 한다. 이유는 집안에서는 남편에게 잘 보이기 위하여 다른 부인과 미(美)를 경쟁해야 하기 때문이다. 그런데 이렇게 엄한 남녀 구분도 예외는 있는 모양이다. 아주 귀한 손님을 집에 모실 때는 자기 부인을 반나체로 춤을 추게 하는 나라가 있다고 한다.

한 남자, 네 명의 부인

코란은 "사람은 누구든지 원하는 여자에게 장가들 수 있다. 두 여자, 세 여자 혹은 네 여자까지"(4장 3절) 결혼이 가능하다고 한다. 여기에는 역사적 이유가 있었다. 마호메트는 약 1천 명의 군사를 거느리고 메카군과 싸우다가 1할 이상의 군인이 전사함으로 많은 과부와 고아가 생겨났다. 그래서 마호메트는 불쌍한 고아와 과부를 구제하기 위하여 이 제도를 만들었다고 한다. 튀니지에서 일부다처가 법적으로 금지되었다고 하지만 실제적으로도 일부다처가 어렵다. 네 명의 여자들에게 모든 물건을 똑같이 주는 것이 바로 법이기 때문이다. 이슬람 세계에서의 결혼은 우리 식의 사랑 고백만으로 되는 것이 아니라 결혼에 필요한 돈이 있어야 한다. 실제, 중동에는 돈 없어 장가 못 가는 남자들도 많다. 코란에는 천당에서 남자들이 많은 여자를 거느릴 수 있고 천당의 여인들이 훨씬 더 아름답다고 말한다.

차도르를 의무화한 것도 코란에서 여자의 얼굴을 제외한 모든 육체를 일종의 음부로 보기 때문이라고 한다. 그래서 사우디나 이란 등 엄격한 이슬람 국가에서는 눈까지도 가려야 한다. 차도르는 여성을 억압하는 것으로 보이지만 사실 뜨거운 사막에서는 편리한 점도 있다.

이슬람 문화권에서 여성을 남성들의 오락적 대상으로 삼는 듯한 인상을 주는 전통 혹은 풍속은 하렘(harem)이다. 하렘이라는 용어가 욕망이나 쾌락의 뉘앙스를 풍기는데, 사실 이 말의 본래 의미는 아내와 집안의 여자들이 친척 이외의 다른 남자들과 만나는 것을 막도록 해주는 일종의 보호 공간이다. 그러나 후일 이슬람 세계에서는 높은 자들이 많은 여자들을 거느리기 위하여 만든 집안의 특별 구역이 되어 나쁜 이미지를 주게 되었다. 즉 부자나 술탄(이슬람 세계의 치리자)들이 자기 궁궐 안에 처와 첩들을 거하도록 마련한 격리된 공간을 의미한다.

이슬람 문화권에서 특히 여성과 관련된 문화적 혹은 가치관의 충돌은 바로 여성 할례이다. 아직도 일부 이슬람 국가에서 행해지는 여성 할례는 여성에게서 여성다움을 제거하는 잔인한, 인권 억압으로 한 형태로 서양의 여성학자들에게 비난을 받았다. 여기에 대하여 도리어 무슬림 여성들이 남의 문화에 간섭하지 말라는 식으로 대꾸한 적이 있었다.

7. 일본인 전문가들이 보는 아랍인

남의 문화는 보기에 따라 다르다. 아랍 문화를 우리가 비판하면 너무 기독교적 편견이라고 항의하는 사람도 있을 것이다. 그래서 우리는 일본인들이 보는 아랍인을 소개하고자 한다. 일본은 아랍이나 무슬림 편에서 볼 때 비교적 중립적이다. 일본은 대동아공영권(大東亞共榮圈)이라는 차원에서 20세기 초기에 이슬람과 중동을 연구하였다. 일본인 최초 무슬림은 1909년(소화42년)에 개종한 야마오까이며, 이후 몇몇 일본인들이 이슬람으로 개종하였다. 와가하야시 나카바도 그 중 한 사람이다. 그는 저서에서 "석가나 예수는 일종의 교주로서 영계의 위인이지 영웅은 아니다. 그러나 마호메트는 영계의 위인이고 동시에 일세의 영걸이고 대정치가였다."고 말한다. 그는 일본이 "세계를 지도할 나라로서 마땅히 회교 세계를 알 것을" 일본에 역설하였다. 그는 메카를 순례, 사우디 왕으로부터 아랍어 휘호를 받은 것을 큰 자랑으로 여긴다. "아라비아 시장은 일본품(물건)의 홍수라고" 자랑한다. 그러면서도 일본 상인들은 너무 비싸게 팔고 너무 싸게 사려고 한다며 아쉬워한다. 일본 측에서 고충은 첫째, 아라비아 상인들의 신용상태를 알 수 없다는 것이며 둘째로 당시 통용되는 영국의 화폐와 사우디 화폐 리알의 환율이 어렵다는 것, 마지막 셋째는 사우디의 법률체계가 현대적인 것이 못되어 분쟁이 발생할 시 사우디 사람들은 코란의 구절을 적당히 들이대어 해결하려는 습관이 있다는 것이다. 와가하야시의 결론을 요약하면 이슬람이라는 종교는 좋은데 사람이나 법은 무역하는 데 있어서 믿을 바가 못 된다는 것이다. (若林半『回教世界と日本』(昭和13、大日社)。

아랍인의 IBM

일본의 여성 작가 소노 아야코가 레바논을 방문하였다. 당시 레바논에서 사업하던 한 일본인 비즈니스맨이 아야코 여사에게 아랍을 알려면 IBM을 알아야 한다고 하였다. I는 아랍어 "인샬라"의 영어 약자이다. "신의 뜻이면" 혹은 알라의 뜻이면 하는 의미이다. B는 부크라로, 내일을 의미한다. M는 말레시의 약자로 "미안합니다." "상관없습니다." 혹은 "괜찮

아"의 뜻이다. 일본인 비즈니스맨이 대화 도중 "참으로 좋습니다"(혼또니 다이죠부다)하면 상대방 아랍인은 "인샬라"라고 한다. 그렇다고 100% 된다는 것을 의미하지 않는다. 신은 전능한데 인간은 그렇지 않아 인간이 희망하는 것이 신의 도움이 없이는 안 된다는 것이다. 상대방이 사정을 설명하면 일본인은 "그러면 언제쯤 되겠습니까?" 하고 묻는다. 상대방은 "내일"이라고 답한다. 하지만 내일까지 될지 안 될지의 결과는 신에게 달려있다는 것을 의미한다는 것이다. 결국 일이 성사되지 못하고 만다. 그래서 일본인은 안 되는 이유를 따지면 "말레시" 라고 답한다. 말레시의 정확한 의미는 이유가 없다는 것도 된다. 혹은 이미 지나간 일, 별 도리가 없지 않느냐 하는 식이다. 아랍인들은 모든 일에 이러한 논리로 말한다는 것이다. 이것은 모든 일에 책임을 지지 않는 사고방식이다. 아야코의 결론은 아랍이 이러한 논리로 일을 추진하는데 신이 확실히 개입하기 때문에 절반에 해당하는 인간의 힘은 그야말로 문제가 되지 않는다는 것이다.(曽野綾子『アラブの格言』(新潮社、2004)、4ー7.)

아랍의 피해의식 : 이케우치 사토시가 보는 아랍 종말론

아랍 국가들은 다른 비서구국가들보다 반미, 반서구 감정이 강한 데, 서구를 비평하는 단골 메뉴는 서양 식민지론이다. 동경대 이슬람 교수 야마우찌 박사는 "그렇다면 한국의 한 청년이 동경 시내 복판에서 폭탄을 들고 과거 일본 식민지 운운하고 떠들면 누가 그것을 수긍하겠느냐" 고 반문한다. 식민지는 중동이나 아랍만이 당한 것은 아니다. 9.11사태 이후 이러한 반감이 더 표면으로 나타났다. 9.11테러 이후 한국 언론도 노골적으로 이슬람 테러는 미국의 오만한 일방주의에 대한 보복이라고 반미감정을 부추기었다. 일부 서구 지식인들은 미국인들이 무슬림을 사랑하지 않는데 대한 감정폭발이라고까지 하였다. 그러나 구라파에서 벌어지는 이슬람 과격주의 테러로 인하여 이러한 비판은 설득력이 없어지고 말았다.

일본의 소장 이슬람 전문가 이케우치 사토시는 아랍인들은 피해의식이 강하고 동시에 모든 문제를 외부의 탓에 돌리는 경향이 있다고 지적한다. (池內 惠『アラブ政治の今を讀む』中央公論新社, 2004). 사토시의 이슬람관은 일본에서 가장 과격한 비판이라고 일본 내에서도 비난을 받기도 한다. 그러나 다른 일본학자들은 이슬람이나 아랍어를 잘 이해하지 않고 이슬람 테러나 아랍 문제를 국제 정치, 경제관점에서 보는 한계를 가지고 있다. 이슬람과 서구간의 문명충돌은 종교적 관점이 중요한 비중을 차지해야 한다. 이 점에서 사토시의 견해를 무시할 수 없다. 사토시가 지적하는 아랍의 피해의식은 사회, 정치적인 것이 아니라 신학이라고 단언한다. 즉 아랍 사회의 종말론 사상이 90년대부터 유행하기 시작하였는데, 그 종말론에 이슬람에 대한 음모론 이론이 있다. 음모론의 핵심은, 이

스라엘을 절대악으로, 혹은 계급의 적으로 간주한다. 이스라엘과 이스라엘을 지원하는 세력은 사탄이며 적이다. 이 적들은 이슬람을 파괴하려고 종말에 등장하는 어두운 세력이다. 이것이 소위 음모론이다. 사토시는 이러한 사상을 '비합리적 배타의식'이라고 말한다.

아랍 세계에서 종말론 사상은 80년대부터 서서히 등장하였는데, 거기에는 아랍의 좌절감이 작용하였다. 60년대 초기에는 아랍 민족주의에서 아랍식 사회주의를 실천하였지만 공산주의와 사회주의가 퇴조하기 시작하였다. 당시 이슬람이 유일한 해결책이라는 사상적 조류가 등장하기 시작하였다. 이슬람 해결책이란 아랍 국가들이 진정한 이슬람을 실천하였다면 '참 계시를 왜곡한' 이스라엘에게 지지 않았을 것이며, 이슬람 국가들이 좋은 나라가 되었을 것이라는 확신이다. 이슬람 종말론도 기독교식으로 말하자면 종말에 가짜 구세주가 등장한다는 것이다. 90년 초반 미국의 걸프전쟁 개입을 바로 사탄 세력이 이슬람을 위협하는 징조로 보면서 종말론에 대한 책들이 많이 등장하기 시작하였다.

9.11테러는 미국이 유대인과 짜고 만든 음모라는 것인데 이것도 종말의 전조라는 것이다. 9.11테러 때 뉴욕 쌍둥이 빌딩에는 공교롭게도 유대인들은 한 사람도 없었다는 것이다. 유대인들은 사전에 미리 알고 다 피신하였다고 하면서 유대인 음모설을 제기한다. 하지만 유대인도 5명 정도 죽었다고 한다. 사토시는 종말에 대한 아랍어로 쓰인 많은 자료들을 제

시한다. 이스라엘과 미국 및 기독교를 사탄으로 보는 종말 사상은 문명 충돌을 불가피하게 할 것이다.

아랍은 자기들의 내부 문제를 외부 세력의 탓으로 돌리는 경향이 있는데, 이것도 현실이다. 2006년 필자는 이란의 시아파 신학교를 방문하여 부교장과 인터뷰한 적이 있다. 단도직입적으로 이라크에서 시아파와 수니파가 싸우는 이유를 묻자 그것은 영국 때문이라고 답하였다. 물론 영국이 이라크를 오래 통치하였다. 그렇다고 양파가 싸우는 것은 영국 때문이라고 말하는 것은 비합리적인 답변이다. 우리는 이러한 질문을 받을 경우 예의상으로도 같은 종교끼리 서로 싸워 좀 부끄럽다는 식으로 답하고 논리적 해답을 한다. 그러나 이러한 겸양은 없었다.

현 아랍사태 : 이슬람 몰락의 붕괴 징조인가?

일부 사람들은 현(現) 아랍의 봄 이후의 상황을 이슬람 내부 붕괴의 징조로 해석한다. 그러나 종교나 문화는 생명력이 길다. 1970년대 캄보디아의 폴 포트(Pol Pot)는 불교도이지만 불교를 더 증오하며 죽이려고 하였다. 그는 많은 중을 죽였으나 결국 불교는 죽이지 못하였다. 미국의 이슬람 전문가 버나드 루이스(Bernard Lewis)는 세계적인 이슬람학자이다. 영국군 장교로 중동에서도 근무하였고 아랍어, 히브리어, 이란어 등 무려 10개의 언어에 능통한 자이다. 이슬람 대가이기 때문에 부시 대통령은 그의 자문을 많이 받았다. 그의 저서 『What Went Wrong: Western Impact and Middle East Response(2002)』는 일본어로는 『이슬람은 왜 몰락하는가?』로 제목을 바꾸었다. 루이스는 이슬람 국가의 문제점으로

① 자기비판을 통한 개혁없이 남에게 책임을 전가하고,

② 여성을 차별화함으로 인구 절반의 재능과 인력을 활용하지 못하며

③ 가정교육에서부터 문제가 있고,

④ 정치적으로는 부정부패가 너무 심하다는 것을 지적한다. 석유로 번 돈은 권력자의 주머니로만 들어가고 백성들은 배고프고 일거리가 없다. 석유가 나는 대부분의 나라들이 가난하다. 그래서 이것을 '석유의 저주'로까지 말한다. (バーナード·ルイス、『イスラム世界はなぜ没落したか?』日本評論社、2003、240ー245).

그럼에도 불구하고 이슬람이 쉽게 붕괴한다고 보는 것은 무리이다. 다만 중동과 아랍은 전환점에 서 있음은 확실하다. 국가는 붕괴하고 사라진 적이 있지만 문화나 종교는 쉽게 사라지지 않는다.

결론

아랍의 봄의 아랍과 중동이 변화하고 있다. 분명한 사실은 아랍의 봄을 통해 종교가 더욱 부상하고 있다. 그러나 그 종교가 평화와 화해를 주

지 못하고 갈등의 요인이 되고 있다. 그래서 중동은 항상 너무 시끄럽다. 버나드 쇼(George Bernard Shaw)는 일찍이 이런 말을 한 적이 있다. "이슬람은 가장 좋은 종교지만, 무슬림은 가장 나쁜 신자들이다." (Islam is the best religion and Muslims are the worst followers).

아랍인들은 자기 문화와 종교에 대한 자부심이 특히 강하다. 그렇기 때문에 서구식의 개혁운동은 어렵다. 이슬람 개혁자들은 서구 문명에 자극을 받아 이슬람 국가의 개혁을 줄기차게 외쳤다. 하지만 대부분 이슬람 국가에서 개혁자들의 소리는 묵살당하고 심지어 많은 개혁 주창자들이 암살당하고 말았다. 무슬림 지식인들은 합리적 이슬람교의 실천을 강조한다. 그러나 그들의 소리가 마이동풍(馬耳東風)이 되는 것 같다. 에드워드 사이드(Edward Said)는 서구가 보는 중동은 편견과 오해로 가득찼다고 말한다. 그러나 그 자신도 미국을 비판하면서 미국 시민으로 평생을 마쳤다. 중동이나 아랍이 문화, 정치 사회에서 좋다면 무슬림 지식인들은 자기 땅에서 이슬람교 문화의 우수성을 외쳐야 할 것이다. 타리크 라마단(Tariq Ramadan)이나 바쌈 티비(Bassam Tibi)와 같은 합리적 무슬림 학자들은 이슬람으로도 부정부패를 척결하고 민주화, 다원화를 실천함으로 좋은 이슬람교 국가가 될 수 있다고 강조한다. 자신들의 안방인 중동이 아니라 바깥인 서구에 살면서 소리치고 있다.

새로운 전쟁의 시대 : 비대칭(非對稱) 전쟁

전호진 (종교문화연구소)

21세기가 분명 새로운 전쟁의 시대라는 것은 오늘날 국제사회가 잘 보여주고 있다. 9.11테러를 계기로 미국이 아프간을 침공하고 이어서 이라크를 침공하였다. 당시 미국인들의 80%가 부시의 대(對)테러전쟁을 지지하였다. 그러나 많은 희생자로 인하여 미국의 여론이 반전되기 시작하였다. 비서구 세계는 미국을 '나쁜 나라'로 욕하고 오히려 이슬람 테러를 동정하였다. 비서구 세계는 뉴욕 쌍둥이 빌딩의 폭파로 3천 명 이상의 무고한 사람들이 죽은 슬픔을 공유하고 악한 테러를 응징해야 한다는 여론보다는 도리어 약자동정의 여론이 지배적이었다. 구라파 나라들조차 미국 편을 들지 않았다. 그러나 북아프리카의 동부 말리를 알 카에다 등 이슬람 원리주의 집단들이 장악, 샤리아가 지배하는 이슬람 국가 건설을 서방은 좌시하지 않았다. 결국 프랑스가 개입하고 유엔이 다국적 평화군을 파송했다. 이제 대테러전쟁은 전세계적으로 확산되고 있다. 한국도 일본도 테러위험국가로 분류되고 있다. 이슬람 과격분

자들의 인질극 역시 전세계적이다. 이제 세계는 과거 시대에 없었던 '새로운 전쟁의 시대'에 돌입하고 있다.

종교적 집단주의와의 전쟁

과거 전쟁과는 달리 대테러전쟁은 전선이 없는 전쟁, 국기가 없는 전쟁, 군인과 민간인이 모두 적(敵)으로 취급받는 전쟁이다. 사무엘 헌팅턴((Samuel Phillips Huntington)이 말한 대로 새로운 형태의 전쟁이 일어나고 있다. 이 전쟁을 여러 가지로 표현한다. 헌팅턴은 '보이지 않는 전쟁,' '이슬람 파쇼주의와의 전쟁,' '문화전쟁,' '종교전쟁' 등 테러집단이 국가 권력과 조직이 없음에도 핵무기까지 소유할 수 있는 엄청난 힘을 가진다고 말한다. 이미 강대국들은 핵무기, 화학무기가 테러분자들의 손에 들어갈 위험성이 높다고 우려한다. 특히 탈레반을 지원하는 파키스탄이 제일 위험한 나라로 지목되고 있다. 파키스탄의 핵무기를 개발하는 학자들 중에는 탈레반과 가까운 자들이 많다는 것이 전문가들의 일치된 견해이다. 그 다음은 북한이고 러시아이다. 후쿠야마는 테러 집단을 2차 대전 때의 히틀러나 구(舊)냉전 시대 때의 소련에 못지않은 파괴력을 가진 세력으로 본다. 어떤 점에서 세계는 제4차 대전의 위험에 직면하고 있다고 말한다. 무서운 말이다 (Francis Fukuyama, America at the Crossroads:

Democracy, Power and the Neoconservative Legacy, 2006. 70-71).

헌팅턴의 문명충돌론은 많은 비판을 받았다. 사실 문명충돌론은 실제 종교충돌론이다. 이슬람 테러리스트들은 자신들의 종교적 이념을 달성하기 위하여 수단방법을 가리지 않는다. 종교의 이름으로, 알라의 이름으로 사람을 죽이는 일을 서슴지 않는다. 많은 사람들이 이런 부분을 종교의 역기능이라고 말한다. 종교가 도리어 해악인 것이다.

세계는 이제 종교적 집단주의 혹은 전체주의의 도전에 직면하고 있다. 바삼 티비는 이것을 원리주의적 도전(Die fundamentalische Herausforderung)으로 정의한다(Bassam Tibi, *Die Fundamentalistische Herausforderung: Der Islam und die Weltpolitik*, 1992). 20세기 독일, 이탈리아, 일본이 민족주의 이데올로기로 세계정복을 꿈꾸고 공산주의가 전세계 공산화를 시도한 것처럼, 이슬람 원리주의 역시 세계를 알라신에게 복종시킨다는 종교적 명분으로 세계를 정복하는 것이 그들의 궁극적 목표이다. 이렇게 본다면 20세기 초반의 두 전쟁은 민족주의적 집단주의와의 전쟁이었고, 냉전시대는 사회주의적 집단주의와의 전쟁이었다. 이제 21세기는 종교적 집단주의와 전쟁하는 시대가 되었다.

세계는 결코 미국이나 서방만 이슬람 테러와 전쟁을 하는 것은 아니다. 러시아는 체첸의 이슬람 원리주의와, 중국은 위구르 독립을 외치는 원리주의자들과 전쟁을 해야 할 정도로 경계를 하고 있다. 중앙아시아

대부분의 나라들은 구소련에서 독립을 하였지만 과격 이슬람 세력의 내부적 도전을 받고 있다. 그래서 견제하는 수단으로 기독교 선교사들도 종종 추방한다. 과격 세력에게 기독교 선교를 허용한다는 빌미를 주지 않기 위함이다. 중동의 대부분 국가들도 이슬람 원리주의 집단을 항상 경계하기도 하고 달래기도 한다. 따라서 테러 전쟁은 헌팅턴이 말한 것 같이 서구 기독교와 이슬람만의 충돌이 아니다. 온건 이슬람과 과격 이슬람 간의 전쟁이기도 하다. 와하비 원리주의의 사우디아라비아는 빈 라덴을 키웠다. 그리고 많은 테러리스트를 배출한다. 테러리스트의 40%가 사우디 출신이다. 그러나 사우디는 빈 라덴을 추방하고 말았다. 결국 사우디나 대부분의 다른 이슬람 국가들은 이슬람 원리주의 집단과의 힘든 전쟁을 하고 있다. 이러한 케이스를 여기서 다 거론할 수 없을 정도이다.

하지만 미국이 벌이는 테러 전쟁은 아이러니한 면이 있다. 알 카에다나 탈레반을 키운 것이 미국이라는 점이다. 어제의 우군이 오늘은 적이 된 셈이다. 아프간이 소련과 전쟁을 할 때, 미국은 아프간에서 소련을 몰아내기 위하여 빈 라덴을 위시한 이슬람 원리주의자들을 지원하였다. 심지어 이들 중 일부는 미국의 지원으로 미국에 센터를 설치하기도 하였다. 그러나 미국의 지원을 받은 이슬람 원리주의자들은 결국 미국을 가장 증오하는 적대국으로 삼는다.

비대칭전쟁

그런데 테러리스트의 전쟁논리는 과거 전쟁과는 그 양상이 전혀 다르다. 과거 전쟁은 나라 대 나라, 군인 대 군인, 그리고 전쟁터가 있었다. 적을 마주보면서 한다. 멀리 있어서 보이지 않아도 일단 적은 무장하고 대오를 형성한다. 적진의 민간인도 죽여야 할 적은 아니다. 전쟁을 할 때는 사전에 선전포고를 한다. 진주만 기습도 일단 선전포고를 하였다. 물론, 일본의 진주만 습격 당시의 선전포고는 비굴한 선전포고라고 말한다. 일본 잠수함과 항공모함을 미리 진주만 가까운 곳에 대기시켜 놓고 선전포고를 하였기 때문이다. 즉 미국 영토에 이미 침입한 후에 전쟁을 시작한 셈이다. 그래서 미국 외교관이 일본 대사에게 일본 본토에서 미국까지 30분 만에 올 수 있는 비행기나 배를 좀 보자고 비꼬았다는 것은 유명한 에피소드이다.

그런데 재미있는 사실은 해리 트루만 전 미국 대통령이 이러한 기습 사실을 미리 알고 있었다는 것이며 이러한 내용을 미국의 한 저널리스트가 『기만의 때』라는 저서에서 밝혔다. 트루만은 히틀러가 유럽을 휩쓸고, 일본이 아시아를 다 점령하는 상황에서 미국의 개입이 없으면 두 독재국가가 세계를 정복할 것으로 판단, 미국의 전쟁 개입을 제안하였다. 그러나 국민들은 그것을 원치 않았다. 결국 미국이 당해 봐야 개입할 것으로 판단, 희생을 최소화하는 방향으로 기습을 기다렸다는 것이다. 역시 시대를 앞서 보는 지도자의 통찰이다. 2005년도 가미카제 특공대원으로 생존한 일본인 노인이 이슬람 테러는 가미카제 특공대에서 배운 것이라는 것에 흥분하였다. 물론 자신들은 결코 무고한 시민들을 향하여 자살특공을 하지 않았다고 했다.

미국이나 프랑스가 수행하는 이슬람 테러와의 전쟁은 과거 시대에 전례가 없었던 특이한 전쟁이다. 일본의 젊은 이슬람 전문가 이케우치 사토시는 이 전쟁을 '비대칭투쟁'으로 정의한다(池內惠『アラブ政治の今を讀む』17). 비대칭이란 글자대로 풀이하면 서로 같은 종류가 서로 대치하는 것을 의미한다. 전쟁은 적이라는 아군과 적군이 싸우는 이념, 전선, 군대, 전략들이 전혀 일치하지 않는다. 즉 목적, 이념, 전략, 전선이 평행선을 긋는다.

첫째, 테러리스트의 전쟁 목적은 자기 나라나 부족을 위한 것이 아니다. 초자연적이다. 즉 알라의 세계를 위하여, 알라의 이름으로 사람을 죽인다. 이슬람 테러 전쟁은 정치적 목적이 아니라 종교 이념을 기초로 한다. 반면 미국의 대 테러전의 목적은 먼저 미국 국민들을 보호하는 것이고, 아프간이나 이라크 국민들을 무서운 종교집단으로부터 보호한다는 것이다. 프랑스가 말리에서 테러와 싸우는 것도 말리 국민들을 위한 것이다. 종교적 이념이나 목적이 전혀 없다.

둘째로, 테러 전쟁에 개입하는 나라들은 빨리 전쟁이 끝나기를 원한다. 그러나 테러리스트들은 무한정으로 종말까지 싸우려고 한다.

셋째로, 대테러전을 전개하는 선진국이나 유엔군으로 참여하는 자들은 각국의 정규군이다. 그러나 테러리스트들은 민간인 투사들이다. 그래서 그들을 영어로 militants라고 한다. 그들은 테러훈련을 받았으나 군번도 없고 죽으면 이 지상에서 보상도 없다. 다만 죽으면 곧바로 천당으로 올라가 72명의 미인들의 환대를 받는다.

넷째로, 대테러전에 참여하는 군인들은 테러리스트들을 체포하거나 죽이는데 비해 테러리스트들은 민간인과 군인 구분 없이 살상을 저지른다.

다섯째, 테러리스트들은 자기 나라 국기가 없다. 자신의 종교 이념을 상징하는 깃발을 든다. 반면 대테러전에 참여하는 군인들은 자국의 깃발이나 마크가 선명하다.

2011년 미국의 특수부대가 빈 라덴을 사살하자 일부 사람들은 이것이 알 카에다의 마지막이 될 것이라고 낙관하였다. 그러나 그 낙관은 빗나갔다. 여전히 테러는 계속되고 있다.

2012 이슬람 테러 결산

2013년 초 미국의 이슬람 연구기관(The Peace of Religion)이 발표한

「2012년 이슬람 관련 테러 그룹」에 의한 총 테러건수는 총 2,800건에 사망자 17,725명, 부상자 15,708명(직접 집계한 것임)로 나타났다. 이 중 기독교인을 대상으로 일어난 테러건수는 155건이었고 이로 인한 사망자는 848명, 부상자는 1,638명이었다. 테러가 가장 많이 발생한 나라는 파키스탄으로(647)이었고 이라크(638)가 뒤를 이었다. 테러가 일어난 나라는 무려 40개국이며, 미국이나 구라파는 비교적 적은 편이다.

* 아프가니스탄(290), 나이지리아(279), 태국(175), 예멘(115), 말리(113), 소말리아(94), 시리아(90), 다게스탄(46), 인도(44), 케냐(40), 이집트(31), 이스라엘(24), 필리핀(23), 레바논(23), 이란(17), 알제리(16), 수단(16), 러시아(14), 리비아(9), 터키(3), 독일(4), 인도네시아(10), 튀니지(8), 팔레스타인(8), 카자흐스탄(1), 아제르바이잔(2), 체첸(1), 사우디아라비아(8), 요르단(6), 잉구셰티야(5), 타지키스탄(2), 불가리아(1), 코소보(1), 남아연방(1), 미얀마(4), 미국(1), 쿠웨이트(1), 벨기에(2), 몰디브(1).

2012 테러 분석

2001년 9.11테러 이후 일어난 이슬람 테러는 2만 건을 넘는다. 테러 분석 결과는 다음과 같다.

첫째, 이슬람이 알라의 이름으로, 혹은 종교의 이름으로 자행된 테러는 이슬람 선교에 장애가 될 것이라 예상하였지만 오히려 정반대의 현상이 일어나고 있다. 현재 미국뿐 아니라 한국에서도 이슬람은 도리어 부흥하고 있다. 이러한 사실을 기독교는 주목해야 한다.

둘째, 9.11테러가 발생하자 한국 언론들이나 일부 학자들은 미국 주도의 패권주의와 반서구 감정이 폭발한 것으로 해석하면서 반미감정을 부추기었다. 이 논리대로라면 이슬람원리주의자들의 테러는 서구나 미국에서 일어나야 한다. 그러나 테러는 이슬람 국가인 파키스탄, 이라크, 아프가니스탄 등에서 더 많이 발생하고 있다. 이라크의 경우는 시아파와 수니파 테러리스트들 간의 전쟁이라고 하여도 과언이 아니다.

셋째, 테러 유형이 아주 다양해졌다. 무슬림 어머니가 자기 딸이 코란을 읽지 않는다는 이유로 친딸을 죽이는 테러가 미국에서 일어나기도 했다.

북아프리카로 이동하는 알 카에다 : 말리사태

미국 시사전문지인 TIME지의 논설가 파리드 자카리아(Fareed Zakaria)는 2013년 이슬람 테러가 이집트, 튀니지, 리비아 등 아랍혁명이 일어난 지역보다 파키스탄, 아프가니스탄, 아라비아반도, 북아프리카, 인도네시아, 태국남부지역, 필리핀 및 동북아(중국신장) 등지에서 더 많이 발생할 것이라고 전망한다. 이유는 아랍혁명이 일어난 지역의 무슬림 형제단들이 알 카에다를 거부하기 때문이라는 것이다. 물론, 알 카에다 외 좌익그룹과 소수 인종주의자들, 민족주의자들 및 과격 이민자들에 의해 자행되는 테러도 있을 수 있다고 분석한다.

현재는 알 카에다나 기타 이슬람 테러그룹들이 북아프리카를 타깃으로 인질납치 등 무자비한 살인을 계속하며 인륜에 반하는 무서운 일을 벌이고 있다. 테러그룹들은 작년 말 북아프리카 말리의 동부지역을 점령하였다. 결국 프랑스가 구식민지의 고통을 지켜보다 개입하였다. 당시 프랑스의 개입을 새로운 식민지 시도라고 비판하는 자들이 있었다. 혹은 자원을 확보하기 위한 목적을 가진 인기 떨어진 홀랜드의 정치적 도박으로 보는 자들도 있었다.

말리 반군은 프랑스 군대가 반군의 주둔지인 말리 북부에 군사를 파견하자 보복조치를 공언했고 얼마 지나지 않아 이슬람 무장단체는 알제리에서 대규모 인질 사태를 일으켰다. 알제리가 프랑스에 영공을 열어줘 프랑스군이 말리 반군 지역을 폭격하도록 한 것에 대한 보복조치였다. 알 카에다가 북아프리카와 아랍 국가에서 기반을 잃자 취약 지구인 북서부 아프리카의 말리 동북부, 알제리 일부, 마루타니아를 장악, 강력한 샤리아 국가 건설을 시도하며, 취약한 니제르, 차드로 이동을 시작하고 있다. 이 지역들이 제2의 이라크 전선, 아프간 전선이 되지 않을까 국제사회는 우려하고 있다.

아랍뉴스인 알 자지라(Aljazeera) 방송은 말리 사태 보도가 프랑스 입장에서만 본 일방적 보도라며 서방의 편향보도를 맹렬히 비난하였다. 말리의 제1공용어가 프랑스어이기 때문에 프랑스 위주의 보도라는 주장이다.

여기에 대하여 미국 포린 어페어스(Foreign Affairs)지 기자가 정면으로 이 부분을 반박했다.

① 알 카에다와 같이 싸우는 투아레그족들도 샤리아가 지배하는 이슬람 국가를 원하는 것이 아니다.

② 말리 국민들 또한 민주주의 나라를 원하지 이슬람 신정국가를 바라지 않는다. 국민들이 프랑스 군인들을 매우 열렬히 환영한 것이 이것을 증명한다.

③ 알제리 등 말리 주변 이슬람 국가들도 철저히 이슬람 원리주의를 경계하고 있다.

알제리 정부가 인질들을 죽이면서까지 알 카에다를 공격한 것은 그만큼 이슬람 테러를 철저히 배제하겠다는 의지이다. 우리 언론도 테러집단은 규탄하지 않고 개입하는 서방나라를 두고 식민지 발상만을 운운하며 비난하였다. 그러나 반면, 같은 아랍국가인 아랍 에미리트 등 걸프 국가들은 프랑스의 개입을 환영하였다.

이러한 보도의 문제는 어떠한 사태를 도덕적으로 옳고 그릇된 차원에서 보지 않고 이해관계가 얽힌 쌍방분쟁으로 보기 때문이다. 지나친 반

서방주의나 반미주의도 잘못된 이데올로기이다. 일본 아사히 특파원이 말리에서 취재한 기사를 참조로 인용한다. 내용은 말리 청년이 프랑스 군대를 환영하는 사진과 프랑스가 강력하게 대응함으로 한 테러집단이 화해를 제의하였다는 기사이다.

인질 9명을 잃은 일본은 인질행위를 맹비난하며 테러를 규탄하였다. 일본 아사히신문의 사설을 그대로 인용한다.

〈 1월 23일 아사히신문 사설 〉
"다시금 일어난 비열한 테러에 분노를 금할 수 없다."

알제리 천연가스 관련시설에서 일어난 인질사건에서 플랜트 건설회사인 닛키(日揮) 등의 일본인직원 7명의 시신이 확인됐다. 인질 피해자의 원통함, 아무 탈 없이 무사하기만을 빌어온 유족과 닛키 관계자의 비탄함은 이루 말할 수 없을 것이다. 현지 보도에 따르면, 이슬람 무장세력은 천연가스 시설을 습격한 후 버스에서 도망치려 하거나 거주지역에 있었던 닛키 직원들을 느닷없이 사살했다. 부당하고 비도덕적인 행위다. 〈중략〉 국제테러조직인 알 카에다가 2001년에 일으킨 미국의 9·11테러가 생각난다. 공격의 규모나 수법은 다르다고 해도 이슬람 과격파에 의한 테러활동의 위협과 그들 활동이 확대되는 것을 통감한다. 미국과 유럽에서는 경비체제가 강화돼 테러사건은 줄고 있는 듯하다. 그러나 유럽과 미국을 비난하며 '성전(聖戰)'임을 주장하는 이슬람 과격파의 자폭테러나 유럽·미국인 납치사건 등은 중동의 아랍국가와 아프가니스탄 등에서부터 아프리카로까지 확대되고 있다. 자원과 관련된 이권이나 정치 경제상의 이해관계를 둘러싼 유럽·미국과 이슬람권의 복잡한 구도가 그 배경에 있다. 알제리 남쪽에 위치한 나라인 말리에 군사 개입한 프랑스군과 이슬람 무장세력 사이에서도 전투가 계속되고 있다. 이번 테러의 발단이 된 나라로, 주변 국가들은 치안이 한층 악화할 우려가 있다. 테러활동이 국경을 넘어 확대되는 것에 맞춰 대응할 필요도 있다. 일본인 중에서는 자신이 이슬람 과격파의 표적이 될 것이라고 생각한 사람은 그다지 없었을 것이다. 그러나 더 이상 남의일이라고 좌시할 수는 없는 상황이다. 〈중략〉

이슬람 과격파가 세력을 확대할 수 있는 밑바탕에는 높은 청년 실업률과 빈부의 격차가 존재한다. 사회적 불공평을 바로잡으려면 빈곤 퇴치와 고용 창출이라는 요소가 빠질 수 없다. 마침 6월에는 5년에 한 번 있는 아프리카개발회의(TICAD)가 일본에서 개최된다. 테러의 온상을 근절하기 위해 공헌하는 것은 장기적으로 보면 일본을 더욱 안전하게 하는 길로도 연결될 것이다. 뼈아픈 희생을 뛰어넘어 광신적인 테러활동을 세상에서 근절시키지 않으면 안 된다.

화난 아베 수상 : "테러와의 전쟁 불사한다"

아사히신문만 아니라 일본 정치가들도 흥분하였다. 나리타공항에서 시신의 도착을 정중하게 맞은 아베 수상은 "테러리스트의 포악한 행위"에 분노, 테러와의 전쟁불사를 힘주어 말하였다.

이슬람 원리주의 지배를 두려워하는 무슬림

알 카에다가 북아프리카를 석권하자 이미 알 카에다 지배를 경험한 사람들이 두렵다며 자기 고향을 떠나는 일이 일어났다. 7월 17일 뉴욕 타임지에 의하면 아프리카 모리타니아 동부 지역의 92,000명의 주민들은 이슬람 원리주의자들의 강경한 종교정책에 견디지 못하여 인근 국경지대로 피신하고 있다고 보도하였다. 이슬람 원리주의자들은 이슬람 율법인 샤리아 법을 적용하는데 주민들은 이를 견디지 못한다. 예를 들면 한 청년은 포켓에 담배가 있다고 사람들이 보는 거리에서 뺨을 심하게 맞았다.

즉 사소한 잘못에 대해 너무나 엄한 이슬람 법을 적용하는 것이다. 벌은 회초리로 매질하기, 때리기, 길거리에서 벌서기이다. 이러한 상황을 '아프리카의 아프간'으로 말한다. 탈레반이 아프간을 점령, 통치할 당시 탈레반의 무서운 율법주의는 그들의 잔인함으로 전세계를 놀라게 했다. 그럼에도 불구하고 알 카에다 같은 이슬람 원리주의 집단은 온 세계를 이슬람화하려는 노력을 멈추지 않고 있다. 북아프리카의 많은 이슬람 국가들이 이러한 과격 이슬람과 싸우는 일이 일어나고 있다.

테러 : "이슬람이다. 이슬람 아니다." 로 분열하는 이슬람

전세계적으로 많은 사람들은 왜 특히 이슬람에서 테러가 많이 일어나는가에 대한 질문을 가진다. 여기에 대하여 대부분의 온건 무슬림들은 이슬람은 절대 테러종교가 아니라고 역설한다. 이미 제1장에서 논한 대로 많은 이슬람 국가들은 테러를 자행하는 과격 이슬람 단체들을 환영하지 않는다. 아랍뿐만 아니라 중앙아시아나 아시아의 이슬람 국가들도 이슬람 원리주의와 같은 과격 이슬람 단체들을 환영하지 않는 것이 분명하다. 그러나 해답은 결코 단순하지 아니하다. 정반대의 견해도 있다는 것을 인정해야 한다. 두 가지 상반된 견해를 소개하고 판단은 일단 독자들에게 맡긴다. 먼저 일본의 이슬람 전문가 나이토 마사노리는 『이슬람 전쟁의 시대』에서 이슬람이 테러의 종교라는 것은 오해라고 역설한다. 그는 사람을 죽이라는 교리가 결코 코란에 없다는 것이다.

> 이슬람이라는 종교가 이교도의 섬멸을 시도하라고 가르쳐서 오늘날과 같은 폭력이 연쇄적으로 일어나는 것은 아니다. 이슬람은 이교도와 공존의 가능성을 가르치지만, 섬멸을 설교하지 않는다. 현재 세계 12억 혹은 13억의 무슬림들이 전세계 이슬람화를 노리거나, 개종이 아니면 싸움을 독려 한다고 하는 것은 전혀 근거가 없다. 이슬람은 기독교나 유대교에 대하여 전쟁을 하라고 가르치지 않는다(内藤正典, 『イスラム戰爭の時代』60페이지 번역).

일본인 이슬람 전문가 미야타 오사무는 이슬람이 점차적으로 전세계로 확대되어 기독교를 능가하는 것을 당연시한다. 그는 이슬람이 '상호부조관념과 그 실천으로 신도들을 증대시키고 신앙지역을 확대하고 있다. 특히 아프리카에서 이슬람의 신앙범위는 점차로 남부로 확대되고 있다. 칼을 사용하여 구미세계와 싸우는 급진적 이슬람 세력이 있는데, 이들은 이슬람 정통은 아니다'라고 언급한다. (宮田律 『イスラム世界戦略 : コーランと剣ー1400年の拡大の歴史』 322).

그러나 앞서 언급한 이케우치 사토시는 이 견해를 반박한다. 코란에 이교도를 죽이라는 구절이 있다는 것이다. 이 문제는 아주 민감한 사항이다. 외부인들의 견해를 다루는 것보다 이슬람 내부의 상반된 견해를 듣는 것이 필요하다. 무슬림 학자들 간에도 테러가 '이슬람이다', '아니다' 논쟁이 일어나고 있다. 그러나 아직 결론은 없다. 재미있는 사실은 이 민감한 주제가 뉴욕의 어느 버스 광고에 이슈로 등장하였다는 것이다. 이슬람을 반대하는 한 여성이 버스 광고에 돈을 주고 광고를 내었다 (뉴욕타임지 2013년 2월 6일자). 이에 대해 한 무슬림은 테러는 결코 이슬람이 아니며 이슬람의 지하드 또한 경건하게 살려는 무슬림의 영적, 내면적 투쟁이라고 답하였다. 그러자 이것을 반박하는 광고가 잇따랐다. 한 과격 무슬림이 '유대인을 죽이는 것은 알라를 우리에게 모시는 예배'라고 응수한 것이다. 그러면서 뉴욕타임지는 한 이라크 여성이 '테러는 이슬람이 아니다'라는 피켓을 들고 있는 사진을 함께 실었다.

지금도 많은 이슬람 원리주의 집단들은 알라의 이름으로 성전(지하드: Jihad)을 수행하고 있다. 지하드란 아랍어로 투쟁, 갈등을 의미한다. 온건 무슬림 학자들은 코란이 가르치는 지하드는 결코 테러를 자행하는 폭력이 아니라고 주장한다. 그러나 빈 라덴이나 과격 이슬람주의자들은 테러를 하는 지하드가 '이슬람의 본질'이라고 항변하면서 이들을 위협한다. 2004년 온건 이슬람 국가를 지향하는 요르단 정부가 다원주의와 타종교에 대하여 어느 정도 관용을 베푸는 이슬람 국가 정책을 발표하자 바로 과격주의자들이 요르단 정부를 대항하여 테러로 응수하였다. 테러의 지하드가 이슬람의 원리라는 것을 고의로 보여준 행동이다. 제1장에서 잠시 언급한 티비 바쌈같은 온건 무슬림 학자들은 코란의 지하드는 영적인 것이며 이슬람 국가가 공격을 당할 때 방어 목적으로 무력을 행사하는 것이 지하드의 본질이라고 주장한다. 많은 온건 무슬림 지도자들이나 학자들은 코란의 지하드는 결코 '칼에 의존하는 지하드'(jihad bi al saif)가 아니라 영적, 내면적인 지하드(jihad al nafs)임을 거듭 강조한다.

아시아는 안전한가?

이슬람 원리주의의 테러는 아시아라고 결코 예외는 아니다. 아시아에서도 이미 과격 무슬림들에 의한 테러가 계속 일어나고 있으며, 앞으로 더 확산될 것으로 본다. 인도네시아는 기독교회에 대한 테러가 매일 일어날 정도이며 지금도 필리핀 영토의 사바주에서 말레이시아 군대와 필리핀 과격 무슬림들간의 싸움이 연일 일어나고 있다. 태국 남부 역시 과격 무슬림들이 분리독립을 요구하면서 벌인 테러로 2004년 이후 5천 명 이상이 죽었다. 이 지역은 아주 불안한 지역으로 태국 공무원들이나 교사들이 가기를 꺼려하는 지역이다. 캄보디아도 테러의 은신처가 될 수 있다고 정부가 예의 감시하고 있다. 일본 이슬람 전문가들은 이미 일본이 이슬람 테러의 대상국이라는 책을 내놨을 정도이다(大泉光一 『次の標的は日本』2004).

저자 오오이주미 코우이치는 테러의 위협과 범위에는 한계가 없으며 테러활동은 특정국가나 지역으로 한정되지 않고 오히려 전세계적인 규모라고 말하였다. 초기단계는 특정 국가나 지역으로 한정되는 것 같았으나 이제는 전세계적으로 확산되었다. 그러므로 현재의 산발적이고도 분산형의 테러 위협에 대항하는 효율적 정보전, 첩보전을 수행해야 한다고 경고하였다. 대테러전을 수행하는 서구 국가들은 테러범들의 손에 'ABC(화생방)무기'가 들어가는 것을 지극히 경계하고 있다. 즉 핵무기, 생물학 무기, 화학무기이다.

한국도 이슬람 테러에서 완전히 해방된 나라라고 할 수 없다. 오래전 한국 경찰이 이슬람 테러 미수자들을 추방한 적이 있다. 결코 방심할 수 없는 상황이다.

혁명 후의 이집트 상황

어느 이집트 신앙인의 보고서

무바라크 (Hosni Mubarak) 대통령의 이집트 지배 30년은 2011년 발생한 이집트 혁명으로 끝이 났다. 무바라크 대통령은 1981년 10월 14일 대통령에 취임하여 2011년 2월 11일 하야했다. 그동안 이집트 국민들의 생활은 정치, 경제, 지식 및 사회 모든 분야에서 사실상 고통 그 자체였다. 2003년 미군이 사담 후세인을 체포하여 재판하고 이라크를 쇄신하고자 했을 때, 필자는 무바라크 대통령의 임기도 끝이 나길 원했다. 그러나 필자는 미국이 무바라크 대통령에게 압력을 넣어 퇴임을 재촉하길 바랐을 뿐, 이집트 국민들이 반(反)무바라크 시위를 통해 해임을 주장하기를 원했던 것은 아니었다.

오늘까지도 필자는 아랍인 스스로 아랍의 봄을 이뤄냈다는 사실을 믿을 수 없을 정도다. 아랍 외부에서 아랍의 봄을 보면 이것이 마치 혁명처럼 보이겠지만 실제 그 배후에 누가 있는지 아는 사람은 극히 드물다. 정말 이 혁명이 이집트 국민들이 일으킨 것이 맞는다면 그들은 이집트를 지배하고 그들이 원하는 목표를 성취할 수 있었을 것이다. 그러나 작금의 현실을 살펴볼 때, 과연 이집트가 국민의 뜻대로 움직여지고 있는지 의문을 제기하지 않을 수 없다. 거기다 그들은 자신들의 뜻을 반영해 국정을 펼칠 대표자를 선출할 수 있는 실질적인 권한이 사실상 없다. 거의 모든 이집트 정치가들은 혁명 이후 무슬림 형제단(Muslim Brotherhood)이 이집트를 통째로 훔쳤기 때문에 혁명의 진정한 목표는 아직 성취되지 못했다고 본다.

혁명이 일어날 무렵 이집트인들의 목표는 자유, 복지, 사회정의, 취업, 부패 척결 그리고 무바라크와 수하의 장관들이 착복한 공적 자금과 정의를 되찾는 것이었다. 혁명이 일어나고 여러 달이 지났지만 여전히 시위는 그치지 않고 있다. 이집트 국민들은 혁명이 진행 중이라고 생각한다. 이집트 수도 카이로를 비롯한 주요 도시들에서 시위가 계속되고 있다. 이집트 법관들은 무바라크 전 대통령이 국가의 돈을 얼마나 많이 횡령했는지 조사하고 있다. 언론의 보도에 따르면 그 규모가 미화 약 700억 달러라고 한다. 그러나 정작 1년 동안의 조사가 끝난 뒤, 정치가들은 그 돈을 다시 찾기가 어려울 것이라고 발표했다. 과연 그 많은 돈을 오직 무바라크와 측근들끼리 횡령한 것일까? 더 철저한 수사를 통해 이집트 재무성이 그 돈을 다시 되찾았으면 하는 마음이 든다.

비록 현재 상태의 이집트는 그 미래가 불확실하지만 혁명은 무의미한 것이 아니었다고 본다. 무바라크의 독재가 끝나자 이집트인들은 희망적인 미래가 기다리고 있을 것이라고 기대했다. 이집트인들은 무바라크의 독재에 맞서 혁명을 일으켰기 때문에 이제 어떤 다른 독재자가 들어서도 그에 맞서 싸울 수 있을 것이란 자신감에 넘쳤다. 무바라크, 무아마르 카다피 (Muammar Gaddafi), 벤 알리(Ben Ali) 등 여러 독재자들의 지배가 끝나자 모든 아랍 국가들은 큰 골칫거리가 사라졌다며 안도의 한숨을 쉬고 있다. 설령 이집트가 혁명의 근본적인 목적을 당장 성취할 수 없다고 하더라도 나중에 충분히 다시 이를 보강할 수 있으므로 희망을 잃을 필요는 없다.

정치적으로 볼 때, 이집트 혁명은 많은 이집트인들로 하여금 정치에 적극적으로 참여하도록 독려하는 계기가 되었고, 이집트인들 또한 이러한 참여를 자랑스러워했다. 무바라크 시절, 이집트인들은 심지어 가족 간에도 정치 이야기를 입 밖으로 꺼내지 않으려 했다. 이집트 부모들은 자신의 자녀들이 혹여 정치적 이야기를 하거나 정치 행위에 참여할까봐 두려워했다. 그러나 상황은 바뀌었다. 여러 정당들이 생기고 있다. 그러나 불행히도 새로운 정당들의 정치인들은 대부분 과거 무바라크 시절 활동했던 부패한 정치인들이다. 다행히 그 당원들 중에는 새롭게 정치 활동을 시작하는 사람들도 있으므로 그 신세대 정치인들이 이집트의 미래를 보다 활력적으로 바꾸리라고 기대해 본다. 한편 이집트 혁명은 또 다른 위험요소를 낳고 있기도 하다. 지하드주의자(Jihadists)나 테러리스트와 같은 이슬람 급진파들이 석방되어 새 정당을 만들고 있는 것이다. 만약 그들이 폭력을 중지하고 평화적으로 자신들의 의사를 표현한다면 그들의 활동도 큰 문제가 되지는 않을 것이다. 필자는 그들이 펜이 칼보다 더 큰 위력을 가지고 있음을 깨닫기 바랄 뿐이다. 지하드주의자 뿐만 아니라 살라피주의자(Salafists)들도 새 정당을 만들고 있다. 살라피주의자들은 이집트 혁명전까지 정치활동을 금기시하며 절대 참여하지 않았다. 그러나 현재는 자신들만의 정당을 만들고 그 추종자들로 하여금 자신들의 정책을 지지하도록 부추기고 있다. 그 외에도 여러 자유주의자들이 정당을 만들고 주요 정책 사안을 폭넓게 토론하는 장을 마련하고 있다. 콥트 기독교인들 역시 이집트 혁명에 많이 참여 했으며 정교회 교인들 및 기타 여러 목회자들도 정치 활동에 참여하고 있다. 정치적으로 이집트는 완전히 새로운 이집트가 된 듯하다. 혁명이 시작된 지 2년이 되어 가는 지금도 모든 이집트인들은 "혁명은 아직 끝나지 않았다"고 이야기한다.

혁명 후 최초로 실시된 선거 이후 무슬림형제단과 살라피주의자, 기타 이슬람 집단이 이집트를 지배했는데 초기에는 이집트인들도 이러한 이슬람 정당을 완벽하고 올바른 지도자로 인정했다. 그러나 몇 달 후, 이집트인들은 그들이 선출한 무슬림형제단과 살라피주의자들이 완벽과는 거리가 멀고 그들 가운데서도 부패한 지도자가 있음을 알게 되었다. 이집트 젊은이들은 그런 정치인을 지도자나 장관으로 임명하는 것을 강력히 거부했다. 그 예로 무슬림형제단 소속의 일부 청년들은 무슬림형제단을 탈퇴하여 개별적인 활동을 시작하면서 현직 대통령과 그 장관들을 비판했다. 이집트인들은 이슬람교 원리에 따라 정치를 하는 것이 과연 그들의 미래와 자신들의 목표를 성취하기 위한 올바른 방법인지 확신하지 못하고 있다.

이집트 혁명 후 무슬림형제단과 살라피주의자들은 이집트의 첫 국회를 장악했다. 그들의 목표는 이집트인들에게 필요한 정치를 하기보다 이슬람교 원리에 따라 국가를 재구성 하는 것이었는데, 이는 이집트 국민들의 뜻이 아니었다. 이슬람 정당들은 의회에서 매우 독특한 문제들, 가령 소녀의 결혼 문제 같은 주제를 다루었다. 현재 18세 이하 소녀도 결혼을 할 수 있다. 이집트 혁명 후 만들어진 새 헌법은 결혼 연령에 제한을 두지 않았다. 심지어 이슬람 원리주의자들은 소녀의 결혼이 매우 중요하다고 공공연히 주장하기도 한다. 이슬람교의 창시자인 마호메트(Mahomet)도 9세 소녀와 결혼한 적 있기 때문에 그 전통을 따르겠다는 것이다. 원리주의자들 역시 자신들은 인권을 존중한다고 말한다. 이슬람교에서는 결혼을 한 소녀에게 성행위를 할 권리를 준다. 이런 맥락에서 이슬람교는 18세 이하의 소녀에게 결혼을 허락하는 자신들의 종교가 오히려 서구의 문명보다 더욱 인권을 존중하는 것이라고 주장하여 사회를 충격에 빠뜨리기도 했다. 이슬람 교리에 따라 정치를 하려는 이집트 새 국회의 이런 주장에 많은 이집트 여성단체들이 항의하기 시작했다. 일부 여성 정치가들은 미성년자의 결혼을 금지하자는 주장을 제시했다. 그들은 여성에게도 근로의 권리, 여행의 자유, 신체의 자유를 줄 것을 주장하며 소녀들을 성적학대로부터 보호하고자 노력하고 있다.

이슬람 교리에 근거해서 여성에게 많은 것을 제한하고자 하는 정책이 펼쳐지자 많은 여성들이 이슬람 교리에 따른 정치에 항의하고 있다. 알리아 알마디(Alyaa Almahdi)란 여성은 이집트에서 가장 용감한 소녀로 알려져 있다. 그녀는 1991년 11월 16일 태어나 카이로에 있는 아메리카 대학교 신문방송학과에 재학 중인 학생이다. 그녀는 남녀평등을 믿고 모든 형태의 남녀차별을 거부하고 있다. 2011년 10월 23일 그녀는 히잡(Hijab, 이슬람 여성들이 머리에 쓰는 스카프)을 거부하면서 여성의 신체를 감출 필요가 없다고 주장하며 페이스북(Facebook)에 자신의 나체 사진을 올렸다. 2011년 11월 24일, 타흐리르 광장에 모인 시위대들은 그녀를 구타하여 추방했다. 그러나 알리아는 이에 굴하지 않고 2012년 12월에 다시 주(駐) 스웨덴 이집트 대사관 앞에서 옷을 벗었다. 그녀는 자기 몸에 '이슬람 헌법 반대'라고 적고 코란으로 자신의 생식기 부위를 가렸다. 그녀는 이집트 여성의 인권 신장을 위해 싸우고 있다고 한다.

모하메드 무르시 (Mohamed Morsy)가 이집트의 새 대통령으로 당선된 후 일부 무슬림형제단 회원들이 새 정부의 장관으로 임명되었다. 이집트 국민들은 이슬람 신정주의 계획이 농담일 것이라고 생각했다. 이슬람교에서는 모든 은행 이자를 고리대금업으로 여기고 불법으로 규정하기 때문에 세계적인 큰 은행들로부터 대출을 얻는 것에 동의하지 않는다. 한편 이집트 청년 체육부 장관은 여성들에게 체육 활동을 장려하면서도 히잡을 입고 운동할 것을 권해 현재 이집트 정부의 정책이 혁명의 진정한 목적과는 다른 엉뚱한 방향으로 가는 것이 아닌지 우려하는 사람들이 많다.

이집트 경찰 역시 이집트 시민들의 옷을 공개적으로 벗기기 시작했다. 이집트 혁명 전에는 경찰이 오직 경찰소나 교도소에서만 이슬람 원리주의자들이나 범죄자들의 옷을 벗긴다고 알려져 있었다. 때로는 경찰이 수감된 원리주의자들이나 범죄자들에게 성적학대를 한다는 소문도 있었다. 그러나 이를 증명할 방법이 없었으므로 단지 소문에 그쳤다. 모든 소문을 다 믿을 수는 없다.

그러나 혁명 후 지금은 경찰이 공개적으로 시위대를 체포하여 옷을 벗기거나 총을 쏘기도 한다. 2011년 12월, 이집트 경찰관들은 시위대에게 총을 쏘고 어느 소녀를 체포한 후 그녀의 옷을 찢고 재갈을 물렸다. 그녀는 혼수상태에 빠져 병원에 입원했다고 한다.

2012년 12월에는 무슬림형제단이 이집트 대통령궁 앞에서 시위를 하던 시위대들을 공격하여 사망자와 부상자들이 발생했고 일부 시위대의 옷을 벗기기도 했다. 기독교인 기술자 한 명도 그들의 공격을 받고 옷이 벗겨졌다. 방송국의 보도에 따르면 무슬림형제단이 시위대를 공격하는데도 경찰은 이를 방관한 것으로 전해진다.

2013년 2월 2일, 이집트 경찰은 48세 남성을 폭행하고 대통령궁 앞에서 그의 옷을 벗겼다. 그러나 그때까지도 무르시 대통령은 이집트 국민이 경찰관이나 경찰 전체를 고소할 권리를 인정하는 법률을 제정하지 않았고, 경찰의 심문기간을 제한하는 법률도 마련하지 않았다.

이집트 혁명 후 이집트에서는 손을 자르는 처벌이 유행하고 있다. 2011년 8월 이집트인들은 절도범들의 손을 자르고 사형에 처했다. 기자(Giza)라는 도시에서 인력거를 훔친 5인조 도둑이 체포되었다. 그 처벌로 범인 한 사람은 죽임을 당하고 나머지 네 명은 손을 잘리거나 신체 다른 부분을 잘렸다. 혁명 후에는 법관이 아니라 시민들이나 폭도들이 스스로 사실상 법관 역할을 하며 범죄자들을 체포하고 공개적으로 비난하며 재판을 하고 있다.

이런 현상은 초기에 잠시 발생한 우연한 사건으로 그치지 않고 이제 이집트 모든 지방에 보편화되어버렸다. 범죄자라고 의심되는 사람이 있으면 이제 이집트 국민들은 스스로 그를 잡아서 처벌한다. 체포나 재판(공식 재판이 아니라 대중들이 모여서 자의적으로 하는 재판), 처벌은 잔인할 정도다. 사실상 이집트는 법과 정의가 실종된 상태다. 방송과 신문에는 사람들이 누군가를 범죄자라고 의심하여 체포한 뒤 그를 죽였다는 기사가 비일비재하다.

이슬람 교리에 따라 통치하는 대통령과 정부라는 원칙이 세워지자 이집트인들은 이슬람교를 더 열심히 믿고 그 율법을 더 잘 지키기 시작했다. 그래서 어떤 이슬람교도들은 마호메트가 사용했다는 치료법까지 다시 사용하려고 한다. 그 결과 이슬람교에서는 낙타의 소변이 가장 좋은 약이 되었다. 급진파 이슬람교도들은 이집트 서북부에 낙타 사육장을 만들고 낙타의 우유와 소변이 만병통치약이라면서 사용하고 있다. 그 사육장 주인은 아픈 사람들에게 아침과 저녁에 한 번씩 낙타의 젓 한 컵과 소변 한 컵씩을 주고 있다. 어떤 이집트 환자들은 낙타의 소변으로 병을 치료했다는 체험담을 서로 주고받기도 한다. 이슬람교 치료법의 핵심은 역시 마호메트의 가르침이다. 그 이유는 마호메트가 낙타의 소변이 약이라고 말했기 때문이다. 사우디아라비아 같은 나라는 이 치료법을 무려 1500년 동안 사용하고 있다.

결론

이집트 혁명은 아직 끝나지 않았다. 무바라크 전 대통령이 물러났다는 점에서 혁명은 성공했다. 하지만 이집트인들은 시위에 만족할 것이 아니라 개인의 자유, 복지, 사회정의, 부패척결과 경제발전 등 더 많은 과제를 해결하기 위해 노력할 필요가 있다. 그럼에도 불구하고 국제연합, 유럽연합, 미국 및 기타 선진국들이 아랍의 봄이 진정한 성공을 거둘 수 있도록 후원하지 않고 있는 현실을 보고 필자는 매우 놀랐다. 전 세계가 모두 아랍의 혁명을 단지 구경만 하고 있을 뿐 적극적인 행동을 취하지 않고 있다. 가령 이집트를 보더라도, 지금 민주적 혁명을 마친 이집트는 민주주의를 성공적으로 이뤄낸 선진국들의 경험에 바탕을 둔 조언이 필요하다. 필자가 보건대 선진국들은 이집트가 민주주의라는 진정한 목적을 달성하여 서구국가들과 중동국가들 간의 관계를 새롭게 정립할 수 있도록 지원을 아끼지 말아야 한다.

이집트 무슬림 형제단의 정치적 활동

장훈태 (백석대학교 언론선교학) [1]

2011년 말 전 세계 인구는 70억[2]을 넘어섰다. 그 중 무슬림 인구는 18억이 되고, 4억이 넘는 불교신자의 종교적 세계관에 대한 비교연구는 지금도 계속되고 있다. 양 종교가 발전하고 있는 상황에서 튀니지에서 발생한 중동의 민주화 운동은 전 세계인들의 관심이 되었고, 중동의 정치 구조에 많은 변화를 불러왔다. 2011년 1월 튀니지에서 발화된 민주화 운동은 이집트, 리비아, 바레인을 거쳐 예멘과 시리아 정권을 흔들어 놓았다. 튀니지 대통령 벤 알 리가 사임하고[3] 난후 2월 11일에는 이집트 대통령 무바라크가 물러났다. 그리고 2011년 10월20일 리비아에서는 42년간 철권통치를 해왔던 카다피가 최후를 맞이했고, 2011년 11월 23일에는 예멘에서 33년간 장기 집권했던 알리 압둘라 살레가 권력이양에 서명함으로 사실 상 물러났다. 현재도 시리아는 민주화운동으로 수많은 인명피해가 발생하고 있을 뿐 아니라 유엔과 미국 등 전 세계가 중동의 변화에 주목하고 있다. 바레인에서 발생한 시아파에 의한 반정부 폭동은 인접국가인 사우디아라비아 및 UAE의 개입을 불렀다. 이를 비난하는 시아파 중심국가인 이란과의 충돌 가능성까지 보이고 있는 실정이다.[4] 중동의 변화의 물결은 전통적인 우방 국가인 사우디아라비아와 미국 간의 갈등조짐도 드러나 보이고 있다.

최근 아랍지역에 서 발생하고 있는 민주화 운동에 의한 무슬림 형제단(Muslim Brothers: al-Ikhwan al-Muslimim)의 활동은 중동지역의 기독교 선교에 막강한 영향력을 줄 가능성이 매우 높아 보인다. 아랍지역에서 민주화 시위는 이슬람 1400년 만에 처음으로 발생한 것은 매우 큰 충격일 뿐 아니라 변화가 불가피함을 가르쳐 주고 있다. 지난 1400년 동안 이슬람사회는 종교 및 정치적으로 하나의 독립된 문명을 이루며 고유한 종교문화를 발달시켜 왔다. 그런 무슬림들은 언제나 동일한 주장을 한다. 무함마드의 언행인 순나를 바탕으로 인류에게 형제애, 정의, 평등, 자유 등의 새로운 삶의 가치관을 제시해 왔다고 주장한다. 또한 다마스쿠스, 바그다드, 사마르칸트, 카이로, 이스탄불, 코르도바, 페스(모로코) 등과 같은 세계의 이슬람 주요도시들은 이집트, 메소포타미아, 페르시아, 그리스 등의 고대 지식과 융합하여 찬란한 중세 이슬람문명을 만들어냈다.

---

1) 이글은 한국개혁신학회지(한국연구재단 등재지)에 2012년 5월에 게재된 글입니다.
2) 2011년 10월 31일을 기준으로 세계 인구가 70억을 넘어섰다.
3) 튀니지 대통령은 2011년 1월 14일 사임했다.
4) 송길호, 「세계경제 권력지도」 (서울 : 어바웃어북, 2012), 193-203.

철학, 수학, 화학과 연금술, 광학, 천문학, 의학 등 제 학문분야에서 위대한 무슬림학자들이 공을 세웠다고 말한다. 하지만 이러한 이슬람문명과 학문적 발전을 도모하였음에도 오늘날 여성의 인권, 한 개인에 대한 명예는 존중되지 않고 있다. 이슬람의 문명 발전에 대한 찬사와 업적을 논의하고 있음에도 중동지역에서 민주화운동이 일어난 이유는 무엇인가를 생각하지 않을 수 없다. 그들은 1400년 동안 이슬람의 문명을 만들며 어떤 가치와 삶을 추구했는가? 그들은 과연 형제애와 평화를 사랑하고 있는가? 무슬림 형제단은 민주화 운동에 어떠한 영향을 미칠 것인가? 중동의 민주화 운동이 평화와 형제애, 정의, 자유가 기독교 선교에는 어떤 영향을 줄 것인가에 대한 전망을 고려하지 않을 수 없다. 이집트 무슬림 사회에서 영향을 주는 무슬림 형제단이 중동사회와 정치 경제, 종교 활동과 변화에는 어떤 영향력을 줄 것인가를 보아야 한다. 본고는 이집트 민주화 혁명과 무슬림형제단 등장, 시민운동의 무슬림 형제단, 무슬림형제단의 정치적 향후 역할과 전망 그리고 이슬람지역 선교를 전망해 보고자 한다.

1. 이집트 민주화 혁명과 무슬림형제단 등장

중동 아랍국가의 이슬람 정치 혹은 원리주의에 대한 이해와 평가, 비교와 분석에서 이집트를 기준으로 사용한다면, 중동 전 지역에 영향을 주고 있다. 또한 중동지역에서 발생하고 있는 종교, 정치적 갈등의 주요 인도 이슬람원리주의 혹은 무슬림 형제단에 의한 것이라는 평가도 있다. 그러나 중동 이슬람국가의 갈등요인에 대하여 한주성은 다음과 같이 말한다.[5] 강대국들의 개입, 민족문제 갈등, 종교 및 종파 문제, 국경문제, 지도자에 의한 분쟁, 자원 문제(석유와 물)이다. 이러한 갈등요인은 전쟁을 일으켰고, 결속의 관계를 유지하는 요인으로 작용하고 있다.

중동의 갈등 문제는 인접국가로 확대되어 중동지역의 동맹구도를 형성하였다. 중동지역은 내부의 갈등요소 뿐만 아니라 강대국들의 개입으로 인해 오늘날도 충돌과 전쟁이 끊이지 않고 있다. 이러한 상황에서 이집트에서는 이슬람 세계에서 보기 드문 이념적·조직적으로 활동하는 원리주의인 무슬림형제단이 형성되었다. 무슬림 형제단은 약 63년 이상의 반복되는 정치적 탄압과 내부적 분열에도 불구하고 생명력을 유지하고 있다.[6] 무슬림 형제단의 생명력과 유지는 고대 이집트인들의 정신적 특성이 그대로 담겨져 있는 이슬람의 문화, 정치적 능력, 전통, 이슬람 세계관에 기초하고 있다. 현재 이집트 민주화 운동과 정치적 역량을 발휘하는 무

---

5) 한주성, "중동, 그 분쟁과 동맹의 역사," 『급변하는 중동사회의 개혁과 변화』, 한국중동학회, 한국아랍어 아랍문학회, 명지대중동문제연구소 공동 춘계학술대회, 2011년5월14일, 64-68.
6) 황병하, 『현대중동정치와 이슬람』 (전남: 조선대학교, 1999), 165재인용.

슬림형제단의 기원과 발전과정, 활동을 이해하지 않으면 순니 이슬람을 이해할 수 없다. 무슬림 형제단의 원리와 삶, 정치적 역량은 중동지역에서 활동하는 기독교 선교에도 많은 영향을 줄 것이다. 왜냐하면 무슬림 형제단은 향후 이집트 정치에서 중요한 캐스팅 보트를 행사할 것으로 예상된다.

2. 이집트 무슬림 형제단의 기원과 운동

이집트 시민운동의 기원은 이슬람 원리주의[7]에 기초한다. 이슬람 원리주의는 무슬림형제단의 정신적 이념으로 8세기에 등장하였다. 8세기에 무함마드 알-샤이바니에 의해 지하드의 법적 근거가 마련되었다. 그 후 지하드는 전통보수주의자들이 이슬람 공동체는 전통의 준수와 변혁논리를 공격하고 비난하는데 사용되었다. 그 후 이슬람 공동체는 전통의 준수와 변화 사이에서 심한 갈등을 겪게 되었다.[8] 전통과 변화 사이에서 겪는 갈등은 이슬람의 분파를 이루게 되었을 뿐 아니라 역사적으로 무으타질라파가 압바스조의 정책 논리로 채택되면서 부터였다. 무으타질라파는 9세기경 압바스조 초기의 전통과 이성간의 갈등으로 인해 논란이 일어나면서 종교재판을 강행했다. 이로 인해 전통적으로 보수주의 반발을 불러일으키면서 이슬람 전통보수주의 법학파인 한발리파[9]가 등장하면서 대중 운동으로 이어졌다. 황병하는 "한발리파의 영향력은 19세기 이후부터 1979년까지 계속되는 것으로 보고 있다. 즉 몽골이 이슬람제국을 침공하여 통치한 후 14세기 이븐 타이미야에 의해 계승되었고, 18세기 와하비 사상으로 계승되고, 19-20세기 무함마드 압두(1849-1905)와 무함마드 라쉬드 리다(1865-1935), 사이드 꾸뜹(1966년 사망), 아불 알라 알-마으두디(1903-1979)에 의해 계승된 것"[10]으로 보고 있다.

한발리파의 이슬람 전통보수주의 운동은 무슬림 전통과 신앙적 관습, 정치적 역량, 이슬람의 근본과 원리를 지키기 위한 부흥운동으로 확산되었다. 그 이념과 사상은 14세기 이븐 타이미야의 이슬람 운동으로 계승되었다. 그 후 꾸란을 중심으로 변화와 변혁추구에 대한 거부, 외부로부터의 위협을 제거하는 이슬람 운동의 시초가 되었다. 14세기 이븐 타이미야에 의해 구체화된 꾸란에 근거한 이슬람 운동은 18세기 말 사우디아라비아에 등장한 와하비 운동으로 계승되었다.[11]

중동 지역에서 가장 활동적인 그룹은 와하비 운동이다. 와하비 운동

---

7) 금상문외 10명, 『이슬람세계의 정치와 국제관계』, (서울: 도서출판 오름, 1999), 84.
8) 황병하, "이집트 민주화 운동에서 무슬림형제단의 역할과 향후전망,"『급변하는 중동사회의 개혁과 변화』, 한국중동학회, 한국아랍어 아랍문학회, 명지대중동문제연구소 공동 춘계학술대회, 2011년 5월 14일, 131.
9) 황병하, "이집트 민주화 운동에서 무슬림형제단의 역할과 향후전망,"『급변하는 중동사회의 개혁과 변화』, 한국중동학회, 한국아랍어 아랍문학회, 명지대중동문제연구소 공동 춘계학술대회, 2011년 5월 14일, 131.
10) 위의 책.
11) 위의 책.

의 주요 목표와 목적은 정치적으로 메카와 메디나를 장악하는 것과 종교적으로 청교도주의와 일신론을 주장하는데 있다. 와하비 운동을 이해하기 위해서는 근본적으로 사우디의 와히비즘 운동과 수단의 마흐디즘을 연구하는 것이 바람직하다.[12] 와하비즘 운동의 핵심가치는 일신교와 꾸란에 근거한 운동을 펼치는 것이다. 와하비 운동은 이슬람 원리주의와 맥을 같이 하며 전 세계에 꾸란 중심의 문화적 영향, 삶과 관계된 활동을 근간으로 하고 있다.[13] 이집트의 무슬림형제단의 출발은 한발리 사상과 꾸란, 이슬람 원리주의에 근거한 이슬람 공동체 수립을 목적으로 출발했다. 홍순남은 이슬람 원리주의 운동에 대하여, 샤리아법을 국가 헌법으로 하는 이슬람사회 건설, 이슬람정부 건설, 이슬람이 종교적 정화운동으로서 이슬람교의 청교도 운동이다"라고 말한다. 이를 정치적 용어로 사용한다면 이슬람원리주의 운동은 일종의 사회 종교운동이다.[14]

이슬람원리주의 운동은 중동에서만 일어나는가? 그 이유는 네 차례에 걸친 중동 전쟁을 비롯하여 오늘날도 지속되는 원인은 국가 간의 분쟁과 갈등 때문이다. 중동 전쟁 후 패배감과 좌절감, 경제적 고통, 정치·사회의 부패, 심리적 상실감 등 삶의 현상적 문제를 해결하기 위해서는 이슬람이라는 호소력은 주민들의 많은 호응을 얻게 되었다. 사실, 이집트는 세속적인 근대화가 사회의 중심이기도 했다. 그러나 이들 지역의 국민들은 대부분이 이슬람교인이지만 두 개로 나뉘어 있다. 첫째는 이슬람을 신봉하지만 세속주의적인 군·정치인, 지식인, 학생과 산업체 근로자들이 있다. 둘째는, 이슬람 원리주의 환경에서 삶을 영위하는 사람들은 수 백만 명의 사람들은 이슬람원리주의 교리를 지지하기도 한다.[15] 하지만 이슬람 원리주의를 한마디로 정의를 내리기는 어렵다. 사회적 다원성과 정치적 이익집단 그리고 종교적 갈등관계를 가졌기 때문에 통일된 논리를 갖고 있지 않다.[16] 그럼에도 이슬람 원리주의 정신은 초기 이슬람의 전통과 순수성을 강조하는 정화 운동일 뿐이다.

무슬림형제단의 이러한 운동의 기원 즉 진원지는 이집트 무슬림 형제단이다. 이 조직은 80년 이상 반복된 정치적 탄압과 내부 분쟁에도 불구하고 아랍국가에서 정신적, 정치적 영향을 끼치면서 지금도 그 생명력을 유지하고 있다. 세계 각 지역의 이슬람국가에 지부 또는 동일한 이름의 단체가 형성되어 활동하고 있다.

3. 이슬람 정통성을 위한 부흥운동

---

12) 김정위, 『이슬람사전』(서울: 학문사, 2002), 492–95.
13) 황병하, "이집트 민주화 운동에서 무슬림형제단의 역할과 향후전망," 131.
14) 홍순남, 『뉴욕에서 바그다드까지』 – 팍스 아메리카나 원리주의– (서울: 인간과 자연사, 2003), 158재인용; 김정위, 『이슬람사전』, 494.
5) 황병하, 『현대중동정치와 이슬람』, 163.
16) 홍순남, 『뉴욕에서 바그다드까지』, 158.

이슬람 원리주의 운동을 이해하기 위해서는 사우디아라비아의 와하비즘 운동[17]과 수단의 마흐디즘 운동을 알아야 한다. 이들의 운동은 이슬람 부흥운동[18]과 이슬람형제단과 연결된다. 이집트의 무슬림형제단 운동의 목적은 이슬람 원리주의를 토대로 하여 부패와 타락을 추방하여 이슬람을 새롭게 재건하자는데 있다. 이와같이 정통 이슬람 원리주의 운동은 당시의 사회문화적 환경과 깊은 연관성을 갖고 있다.[19] 이집트를 비롯한 범이슬람 사회의 부흥운동의 핵심은 '종교적 의무'와 '무슬림으로서의 생활'을 철저하게 준행할 것을 강조한다. 이들의 조직구성은 '가족'이라고 부르는 5명으로 된 세포조직이다. 또한 무슬림 형제단의 행동강령을 강조하면서 반군주 투쟁 전략으로 학생, 시민, 기능공, 상공인, 중산층, 농민 등의 폭넓은 사회적 지지를 받았다. 1943-1944년 이집트 카이로에 있는 무슬림 형제단은 '다와트나(dawatna, 우리들의 지침)이라는 행동지침의 소책자를 발행하여 조직의 행동을 통일시켰다.[20]

무슬림 형제단의 활동은 조직적이면서도 이슬람 부흥운동을 위해 다양한 정책과 행동지침을 통해 통일성을 유지해 나갔다. 즉 팔레스타인의 분리와 이스라엘의 독립에 반발하여 강력한 투쟁수단으로 테러활동을 하였다. 그리고 사회계몽 운동과 더불어 국민감정과 함께 하기도 했다. 이들의 기본구호를 보면, '꾸란은 우리의 헌법, 선지자는 우리의 지도자, 알라의 영광을 위한 우리의 소망'이었다[21]라는 지침을 통해 조직적으로 활동하였다. 무슬림형제단은 조직적인 활동과 구호, 이슬람의 전통성 유지, 이단들에 대한 저항운동의 이론을 체계화함으로 무슬림을 규합하기도 했다. 이같은 일을 학문적으로 발전시킨 가인 가잘리(Muhammad Ghazali)는 1948년에 『우리의 지혜의 시작(Our Beginning in Wisdom)』이란 책을 출간하기도 했다. 가잘리는 이슬람법인 샤리아법을 최고의 법으로 믿으면서 절도범의 경우 손목 절단 형벌, 간음죄의 태형 등을 이슬람 국가를 건설할 때까지 유보할 것을 주장하기도 했다.[22] 이와같은 주장들은 이슬람 부흥운동[23]을 위한 기초를 마련할 뿐 아니라 이슬람의 가치, 이슬람으로의 귀의를 통해 종교적 순화를 이루는데 목적을 두었다. 그리고 원시 이슬람의 순수한 유일신 사상으로 돌아가자는데 목표를 두고 있다. 이 운동은 "이슬람의 근본원리와 율법을 토대로 하는 정교일치의 국가체제를 수립하고, 정통적인 이슬람의 생활규범을 복원하자"[24]는 것도 포함되어 있다. 이것을 이념으로 하거나 구체화하여 사회조직으로 나타난 것이 무슬림형제단이다.

---

17) 타임 안사리, 『이슬람의 눈으로 본 세계사』 류한원 역 (서울: 뿌리와 이파리, 2011), 405.
18) John O. Voll, Islam: Continuity and change in the Moderm World, (Boulder, Colo,: Westview Press, 1982), 3장을 보라.
19) 홍순남, 『뉴욕에서 바그다드까지』, 176.
20) 홍순남, 『뉴욕에서 바그다드까지』, 178.
21) 홍순남, 『뉴욕에서 바그다드까지』, 179.
22) 홍순남, 『뉴욕에서 바그다드까지』, 179.
23) 손주영, 『이슬람, 교리, 사상, 역사』 (서울: 일조각, 2005), 628.
24) 홍순남, 『뉴욕에서 바그다드까지』, 632.

이슬람 부흥운동을 목표로 하는 무슬림 형제단과 이론가들이 가장 두려워하고 불편하게 생각하는 것은 서구식 교육방법이다. 현대식 서구 교육은 이슬람 종교에 대한 위협이라고 보고 있으며, 무슬림들의 반발의 대상이다.[25] 이슬람은 전통적인 신앙과 방법, 행위에 대하여 반대로 움직이는 것에 대해서는 철저하게 배교자로 본다. 이슬람의 부흥과 원리, 개혁에 대하여 두려움을 갖는 것은 서구화 현상으로 세속적 민족주의, 사회주의 운동을 낳아 이슬람 원리주의의 공격 대상이 될 것을 두려워하기 때문이다. 결과적으로 이슬람 부흥운동과 무슬림형제단의 활동은 이슬람근본교리 토대구축, 반이교도들에 대한 저항, 이슬람 정신구현, 이슬람의 정통성확보, 세속주의와 민족주의 견제 등 다양한 정강정책을 강화하기 위함이다. 이슬람원리주의 혹은 부흥운동의 확산은 이슬람정신을 갖은 시민운동의 발판을 마련하는데 있으며, 이를 토대로 다양한 사회 환경에서 이슬람 세계관을 구축하는데 있다.

무슬림형제단의 정치적 활동

이슬람의 부흥운동과 원리주의를 이집트 원리주의를 통해 고찰하는 것은 기독교 선교의 단초를 제공하는데 도움이 될 것이다. 먼저 이슬람 근대 개혁주의 운동의 등장과 이 운동을 주도한 인물들의 사상을 개괄적으로 살펴보는 것 또한 의미가 있을 것이다. 손주영은 이집트에서 이슬람 원리주의 곧 무슬림 형제단의 활동을 나세르 통치시대와 사다트 통치시대로 나누고 있다.[26] 무슬림 형제단[27]의 행동양식[28]은 철저하게 이슬람 국가 재건을 목표로 민중이 주도하는 이슬람 정당 조직을 만들어내는 것이 목적이었다. 하지만 이집트 정권의 목적은 샤리아를 국가 구성법[29]의 완전한 근원으로 수용하고 이슬람의 질서와 근본을 해친 유럽 법전을 폐기하는 일로 보았다.

무슬림 형제단의 정치적 활동

이집트에서 무슬림 형제단의 활동은 제1차 세계대전이 끝날 무렵일 것이다. 이집트인들의 작은 소망은 영국이 이집트를 독립시켜 줄 것으로 믿었다. 1918년 11월 세속적 민족주의자인 사아드 자글룰은 파리 평화회담에 와프드(Wafd)대표단을 파견하여 이집트의 독립을 위한 탄원서를 제출하였다. 1919년 영국은 자글룰과 다른 두 명의 민족지도자를 체포하여 이들을 '몰타'로 추방했다. 이들의 추방에 화가 난 민중들은 1919년 혁명

25) Willam Wilson Hunter, Indian Musulmans (London, 1971), 184.
26) 손주영, 『이슬람· 교리·사상·역사』 (서울: 일조각, 200), 633.
27) 강혜란, "알아사드 대통령, 런던 안과의사서 시리아 학살자로,"『중앙일보』 2012년3월17일 24면.
28) 손주영, 황병하 외,『1400년 이슬람 문명의 길을 걷다』 (서울: 프라하, 2012), 742.
29) Delip Hiro, Islamic Fundamentalism, ed. Justin Wintle, (London: Paladin, 1988), 64–65; 손주영, 『이슬람· 교리·사상·역사』, 653.

을 불러 일으켰다. 그 후 이집트는 데모, 파업, 폭동의 극심한 소요사태가 계속되었다. 이러한 민족주의 봉기로 인해 영국은 1922년에 이집트의 명목상 독립을 인정해 주었다. 그러나 실제적인 통치는 영국에 있었다.[30)]

1919년 민족주의 운동에 가담했던 학생들 가운데 무슬림 형제단의 창설자인 하산 알 반나(Hasan al-Banna, 1906-1949)도[31)]있었다. 그는 이집트의 격변기를 겪으면서 급변하는 이슬람사회의 세속화를 목도하였다. 그가 목도한 일련의 사건들은 터키의 무스타파 케말 아타투르크(Mustafa Kemal Ataturk)와 세속적 민족주의들은 이슬람 칼리파제를 폐지하였다. 자유주의 서구사상이 이슬람 세계에 파고들면서 비이슬람적 신사고를 고취시키며 이슬람 전통을 위협하는 것을 목격했다. 이슬람 부흥운동과 세속주의 사건이 팽배해 가는 상황에서 이슬람 칼리파제 부활은 어렵기만 했다. 알 반나는 이집트의 전통적 이슬람적 사회와 서구식 자유민주주의 정치제도와 이론은 적합하지 않다는 것을 인식하고 와하비 운동과 같은 것만이 전통 이슬람으로의 정화와 부흥을 가져온다는 것을 확신하였다. 그는 도덕적 부흥과 교훈적 강론, 이슬람의 합법성을 강조하면서 민중들을 모았다. 그의 이슬람 정통성 회복을 위한 민중운동은 1928년 무슬림 형제단을 창설하게 되었다.

무슬림 형제단의 정치적 활동은 첫째, 이집트에 대한 외세의 침략과 간섭, 정치적·경제적·문화적 위기상황을 탈출하기 위한 민족주의 운동이었다. 둘째. 이집트의 정치적·사회적·경제 발전을 도모하기 위해서는 이슬람적 이념적 골격을 세우기 위한 원리주의로의 회귀를 주장하기 위해서였다. 셋째, 아라비아의 와하비야 운동과 수단의 마르디야 운동과 마찬가지로 세속화한 사회와 부정부패, 종교적 타락을 일소하고 이슬람 부흥시키기 위함이다. 넷째, 보다 더 진취적인 이슬람 원리주의 운동을 통한 공동체 부활과 꾸란과 하디스에 의한 행동강령을 강조하기 위해서였다. 다섯째, 이슬람 행동주의를 통한 정당조직을 창설을 목표로 하고 있다. 무슬림 형제단의 종교적 원리 회귀는 결국 이슬람정당조직을 만들어냈고, 이를 통해 이슬람 질서와 근본을 내세우면서 유럽법전을 폐기하기에 이르렀다. 여섯째, 반정부 운동을 통하여 군장교들과 다양한 계층의 사람들을 형제단에 가입시킴으로 조직의 강화를 꾀하고 있다. 이같은 무슬림 형제단의 다양한 활동은 결과적으로 나세르 통치하에서 정치적 입지[32]를 굳히는데 성공한 것으로 보인다.

이집트의 무슬림 형제단은 1930년대 후반 들어 가장 큰 단체로 발전하게 되었고, 전문인, 학생, 노동자, 상인, 농부 등 다양한 계층의 사람들이 참여하게 되었다. 1933년에는 이집트 카이로에 본부를 개설하였고, 1940

---

30) 손주영, 『이슬람· 교리·사상·역사』, 649.
31) 손주영, 황병하 외,『1400년 이슬람 문명의 길을 걷다』(서울: 프라하, 2012), 736-47.
32) 이정순, "1970년대 이후 한국인의 이슬람 개종요인연구,"『복음과 선교』 한국복음주의선교신학회 편, 16. 2011. 12.30. 98-101을 참조

년에 이르러서는 형제단 소속의 이슬람 센터와 사원, 학교, 클럽을 비롯하여 500개의 지부가 설립되었다.[33] 무슬림 형제단의 전국적 조직은 기존 이슬람사회에 큰 영향을 주었다. 이들은 학교에서는 이슬람 방식의 종교교육을 진행하였고, 젊은 형제단 회원들은 지하드에 대비한 체육교육(후에는 군사교육으로 바뀜)도 받았다. 전쟁 중에는 정부와 영국정부에 대항하면서, 반(反)영국 감정을 선동하거나 지하행동조직을 통하여 정치적 입지를 강화해 나갔다. 알 반나가 이같은 논리를 펴고 정치적인 패러디를 주장한 것은 신은 자신과 함께 한다는 믿음[34] 때문이다. 신은 사회적·정치적 불의에 대항하는 우리를 보호해주실 것이라는 믿음이 무슬림형제단을 이끄는 원동력이고 이념[35]이다.

반 알나의 무슬림형제단의 행동강령과 노력에도 불구하고 정부의 탄압도 있었지만 1950년 와프드 당이 정권을 잡으면서 합법적인 지위를 회복하기도 하였다. 그러나 1950년 나세르 정권은 무슬림 형제단의 활동과 조직을 철저히 파괴하는데 성공함으로 민중들과 아랍지역으로부터 인기를 모으기도 했다. 그 후 무슬림형제단은 정권의 탄압과 리더자의 비협조적인 태도로 인해 탄압과 투옥, 사형을 당하는 수모를 겪어야만 했다.[36]

그리고 이집트인들과 전 세계인들은 민주화 운동과 더불어 무슬림형제단의 향후 정치적 활동에 대한 전망을 다양하게 보고 있다. 황병하는 무슬림형제단의 활동에 대하여 다양한 견해를 보이고 있다. 먼저 무슬림형제단은 샤리아에 근거한 이슬람 국가 수립을 포기하지 않을 것이다. 둘째, 온건주의와 중도주의를 표방하면서 폭력사용을 철저히 배격하고 현 정권과의 대화나 협상에서 매우 신중한 입장을 취할 것이다. 셋째, 이슬람주의를 전면에 내세우지 않으면서 세속적 민주주의를 포용하면서 종교와 정치의 분리와 이슬람 가치의 확립을 헌법 개정으로 수렴하는 정책을 펼 것이다. 넷째, 정부와의 협상테이블에서 대중들의 요구 수렴, 시민을 위한 정권추구, 자유선거 보장을 내세울 것이다. 다섯째, 이집트 정치 일정과 선거에서 주도권을 장악할 가능성이 많은[37]것으로 보고 있다. 이러한 무슬림형제단의 입장을 볼 때 미국과 이스라엘이 국제 정치 역학구도에서 우려할 사항들이다. 앞으로 무슬림형제단의 정치적 활동과 역할이 어느 정도인가는 지켜보아야 할 것이다.

무슬림형제단의 표어와 정치

이집트에서 무슬림 형제단이 정부의 힘을 얻은 때는 사다트 대통령 집

---

33) 손주영· 황병하 외,『1400년 이슬람 문명의 길을 걷다』, 653.
34) Richard P. Mitchell, The Society of Muslim Brothers, (Oxford and New York:Oxford University Press, 1969), 30; 손주영, 『이슬람· 교리·사상·역사』, 654.
35) 손주영· 황병하 외,『1400년 이슬람 문명의 길을 걷다』, 744-45.
36) Herry Munson, Islam and Revolution in the Middle East, (New Haven: Yale University Press, 1988), 78.;손주영, 『이슬람, 교리, 사상, 역사』, 659.
37) 황병하, "이집트 민주화 운동에서 무슬림 형제단의 역할과 향후 전망,"『급변하는 중동사회의 개혁과 변화』 한국중동학회, 한국아랍어 아랍문학회, 명지대중동문제연구소 공동춘계 학술대회, 2011.5.14. 143-44.

권기로 보인다. 사다트 대통령의 집권 하에 무슬림형제단에 대한 다양한 지원과 정책을 실행하도록 했지만, 가끔은 정부와 충돌을 일으키기도 했다. 정부와 무슬림형제단과의 갈등현상은 친미정책을 펴거나 혹은 이스라엘과 평화정책(1979년 데이비드 협정)을 체결할 때였다. 무슬림형제단은 이집트-이스라엘 평화협정 체결, 개방경제 정책, 친서구적인 문화의식의 고양정책에 정면으로 충돌하기도 했다. 이집트에서 무슬림형제단들이 이슬람원리주의로 회귀하게 된 원인은 첫째, 이스라엘과의 협정을 맺은 후 이슬람식 생활방식을 추진했음에도 국민들의 외면 때문이다. 둘째, 무슬림 정치인들의 이중적 모습과 생활, 셋째, 이집트 국민회의가 사다트를 5대 정통 칼리파[38]로 선언한 것은 신성모독이라는 것 넷째, 정치 지도자인 사다트 대통령의 리더십 상실은 무슬림형제단의 결속을 다지도록 기회를 부여해 주고. 여섯째, 서구식으로 여성들에게 이혼, 별거수당, 자식 양육 등에 관한 권한을 확대한 것[39] 등이다. 사다트 대통령의 무슬림형제단에 대한 탄압정책은 급진원리주의를 태동하면서 그들에 의해 암살[40]당하게 되었다.

1970-80년대의 무슬림형제단은 이집트 내에서 혁명주의적인 운동을 전개하지 않았다. 다만 이슬람의 법 제도와 실행과 부도덕한 행위를 금지할 필요성을 강조할 뿐 그들의 행동강령 수행을 위한 목표를 달성하기 위해 폭력을 사용하지 않았다는 것이 일반적인 견해이다. 그럼에도 무슬

림 급진주의자들에 의해 사다트가 암살당했다는 것은 무엇을 말해주는가? 그들은 언제든지 정치적·사회적 어려움이 있을 경우 지도자 암살은 가능하다는 것을 암시해 준다. 안와르 사다트는 이집트 국민들을 향해 정치적으로 유화정책을 썼지만 결국 비참한 최후를 맞이했다.

결과적으로 이집트의 무슬림형제단의 행동강령과 이념을 보면, 이슬람 정부 구성이 목표임을 알 수 있다. 이슬람 정부 구성을 위해서는 꾸란을 통해 모든 사람에게 생명력을 불어 넣어 주고, 세속주의의 어두운 그림자를 파괴할 수 있는 불빛, 예언자의 메시지를 회복하고, 모든 국민의 어려운 짐을 스스로 지고 있는 자라고 주장한다. 이 모든 것이 이슬람과 무함마드의 메시지 그리고 이슬람 정부를 위한 것이라고 말한다. 이들은 누군가 혁명적이라는 말에는 믿음과 긍지를 바탕으로 정의와 평화를 위한 대변자라고 답변할 것을 강조하는 것에서 이중성을 발견하게 된다. 겉으로는 평화와 정의를 외치지만 내면적으로는 이슬람 정부를 위한 투쟁을 강화하겠다는 논리가 담겨있다. 무슬림 형제단의 행동강령 마지막 부분에는 "~여러분이 불의에 대항해 일어설 때, 신은 우리를 보호해 주실 것입니다"[41]라는 문구가 이를 증명해 준다. 무슬림 형제단의 창설자

---

38) 손주영, 황병하 외,『1400년 이슬람 문명의 길을 걷다』, 37-78.

39) Emmanul Sivan, Radical Islam, (New Haven:Yale University Press, 1985), 144-45.

40) 사다트(Mohamed Anwar Al Sadat)대통령은 1981년 10월6일 암살되었고, 이 사건과 관련된 칼리드 알 이슬람불리소령과 4명은 비밀리 사형되고, 300명은 군사재판에 회부되기도 했다.

41) 손주영, 황병하 외,『1400년 이슬람 문명의 길을 걷다』, 742.

무슬림 형제단의 인기가 갈수록 줄어든다는 것을 묘사하고 있다. (The Economist)

알 반나는 "자신들은 정치정당이 아니라고 주장"하지만 그와 추종자들은 반정부 시위의 주동자들이었고 먼 후일에는 선거에 참여하였다. 이들의 궁극적 목표가 칼리프제의 부활과 이슬람 정부의 건설로 볼 때 이 조직의 운동과 활동은 정치적 성격을 배제할 수 없다. 무슬림형제단의 정치적 활동에 대한 강한 부정에도 불구하고 그들의 표어를 보면[42] 그 성향이 드러난다.

"알라께서 우리의 입법자요 꾸란은 우리의 헌법이다. 예언자는 우리의 안내자이며, 신의 영광을 위해 죽음은 우리의 가장 큰 바람이다."

위의 표어를 보면 무슬림형제단의 정치활동은 한층 더 급진적임을 보게 된다. 그들은 1948년 후반의 이집트 왕정체제에 맞선 가장 큰 위협적 존재였고, 아랍-이스라엘 전쟁에서 이집트가 패한 것도 세속화된 정치 지도자들의 무능 때문이라고 주장하면서 급진적 폭력시위를 주도하고 정부요인을 암살하기도 했다. 무슬림형제단의 행동강령과 표어, 이념을 볼 때 '이슬람을 간명한 사회적 행동원리로 재해석되면서, 세계 곳곳에서 활발히 전개되는 각종 원리주의 운동의 모체'라 할 수 있다. 최근 이집트 무슬림형제단(이집트의 최대이슬람단체)은 대선 후보를 내기로 결정했다. 무슬림 형제단 조직 내 2인자로 알려진 엘샤테르가 대선에 출마하기로 한 것이다. 이집트 의회 전체 의석의 절반을 장악한 무슬림형제단의 위상과 대중적 인기 등을 감안할 때 엘샤테르는 현재 이집트 대선 경쟁에서 선두주자가 된 셈이다.[43]

지금까지 무슬림 형제단의 활동을 볼 때, 전통적 이슬람, 근대 개혁주의자들과 달리 그들은 '원리주의이면서도 적극적인 행동주의'라 할 수 있다. 알 반나가 이끄는 무슬림 형제단은 살라피야[44] 사상의 메시지, 순나의 길, 수피의 길, 정치·경제·사회·문화와 과학 등 모든 것을 포괄한다.[45] 따라서 무슬림 형제단의 정치적 특성은 이슬람 원리와 법을 토대로 한 사회와 국가 건설에 있다. 보다 적극적으로는 이슬람의 생활규범을 복원하여 체계화하는데 그들의 목적이 있다.

---

42) 손주영, 황병하 외,『1400년 이슬람 문명의 길을 걷다』, 743.
43) 김재곤, "이집트 무슬림 형제단, 대선 후보 내기로,"『조선일보』,2012년4월2일 A17.
44) 살라피야는 예언자와 초기 무슬림들 시대의 관행을 말한다.
45) 손주영·황병하 외,『1400년 이슬람 문명의 길을 걷다』, 745.

결론

무슬림 형제단의 출발 동기는 이슬람을 개혁하고 이슬람으로 돌아가서 전세계적인 움마 공동체(Umma)를 건설하는 것이었다. 무바라크 시절 엄청나게 탄압받았든 무슬림 형제단이 집권하게 된 것은 그만큼 국민들 사이에서 인기가 있었다는 것을 의미한다. 그러나 그들은 이슬람이라는 종교를 지나치게 정치화하고 테러에 의존하는 폭력적 행동들로 말미암아 아랍세계에서는 물론 이집트에서조차 인기를 잃고 있다. 3월 9일-15일자 영국 이코노미트지는 「무슬림 형제단: 비난으로 어렵게 되고 있다」는 기사에서 지난 번 선거에서 무슬림 형제단이 표를 얻은 것은 그들의 이데올로기 때문이 아니라 그동안의 정직성과 능력 때문이었다고 분석하였다. 종교의 정치화나 정치의 종교화는 모두 바람직하지 않은 것이다.

무슬림 형제단은 이슬람을 정치화하려고 하는 동시에 국민국가(nation-state)를 거부한다. 국제화시대는 다원화의 시대이다. 중동의 많은 나라들이 다양한 인종과 종교로 구성되었음에도 불구하고 이들은 종교, 문화에서 다원화를 거부하고 있다. 또한, 민주주의도 거부한다. 최근 영국 이코노미스트지가 지적한대로 이 집단은 그야말로 최대의 위기에 봉착해있다.

필자약력

장훈태 교수는 아세아연합신학대학교 대학원에서 선교학을 연구해 신학석사 (Th.M)와 박사학위(Ph.D)를 받았다. 백석대학교에서 기독학부의 학부장과 학생처장을 역임했고, 현재는 백석대학교 언론선교학과 교수 및 백석선교문화원장과 개혁주의생명신학본부 사무처장으로 섬기고 있다. 국제선교단체인 크리스타 선교회(미국)의 한국대표로 선교 헌신자를 발굴하고 양육, 파송하는 사역을 하고 있으며, 한국복음주의선교신학회로부터 '2008 한국선교신학자 상'과 백석대학교 기독신학대학원 동문회에서 '자랑스런 동문 신학자상'을 받았다. 학회에서는 한국복음주의선교신학회 회장과 한국칼빈학회, 한국선교신학회 회원으로 활동하고 있다.

저서로는 『유대인의 풍습』(1992), 『선교학의 이론과 실제』(1995), 『초대교회 선교』(1996), 『최근 이슬람의 상황과 선교의 이슈』(2011)가 있다. 그 외 다수의 선교여행기와 공동저서, 역서와 논문을 발표했다.

자스민 혁명과 이란

이만석 (4HIM 대표/한국 이란인 교회)

자스민 혁명의 재조명

2011년 초 튀니지에서 시작되어 중동의 분위기를 바꾼 자스민 혁명이 일어나고 벌써 2년이란 세월이 흘렀다. 일반적으로 자스민 혁명을 아랍의 민주화라고 단언하며 아랍에 봄바람이 불기 시작했다고 주장한다. 수십 년간 장기집권하며 백성들을 괴롭혀왔던 독재자들이 물러가고 국민들의 손으로 직접 뽑은 지도자들에 의해서 아랍이 변하고 있으며 당장은 어렵겠지만 얼마간 시간이 지나면 서방에서 요구하는 수준의 인권이 보장되는 사회분위기가 정착될 것이라고 기대에 찬 전망을 내놓기도 했었다.

한편 자스민 혁명의 초기부터 일부 중동의 전문가들이 이는 민주화가 아니라 더 강력한 이슬람화로 가고 있다는 견해를 피력해 왔으나 전혀 주목을 받지 못했다. 그러나 2년이 지난 지금 다시 평가해 보면 이런 견해가 점점 가시화되고 있다는 것을 부인하기 어렵게 되어가고 있다. 사실 이슬람과 민주화는 전혀 어울리지 않는 물과 기름 같은 관계다. 민주화란 백성들이 주인이 된다는 뜻에서 백성 민(民)자와 임금 주(主) 자를 사용한다. 민주주의(Democracy)에서는 국가의 주인은 백성이기 때문에 백성들이 원치 않는 지도자는 언제든지 소환할 수 있고 백성들이 원하지 않는 법과 규정은 언제든지 바꿀 수 있어야 비로소 가능한 것이다. 그러나 이슬람에서는 이것이 전혀 불가능한 체제다. 이슬람은 민주주의가 아니라 신주(神主)주의 체제를 철저한 원칙으로 고수한다. 다시 말하면 알라(Allah)를 신으로 모시는 군주제라고 할 수 있을 것이다. 이를 신정(神政)체제(Theocracy)라고 한다. 이슬람의 법은 꾸란(Quran)과 샤리아(Sharia)이며 이는 이슬람의 창시자 무함마드가 계시를 받았다든가 혹은 어떤 말이나 행동을 했다는 것을 수집하여 이를 하디스(Hadith)라는 이름으로 부르며 율법의 기초를 삼고 있으며 이는 이슬람이 존재하는 한 절대로 불변하는 기준이다. 그런데 무함마드의 선지자로서의 삶의 마지막 8년 반 동안은 27회의 전쟁으로 얼룩진 삶이었다. 그 때 그가 한 말이나 행동이 이슬람 율법의 기초가 되었으니 민주화와는 전혀 방향이 다를 수밖에 없다. 그러므로 자스민 혁명을 민주화 운동으로 인식하는 것은 올바른 견해는 아니라고 본다.

혹자는 수십 년 동안 장기독재를 하던 독재자를 국민의 단결된 힘으로 몰아낸 것이 민주화가 아니라면 무엇이냐고 반문할 수도 있을 것이다. 그러나 독재자를 몰아낸다고 자동적으로 민주화가 되는 것이 아니다. 자스민 혁명의 원인을 분석해 보면 이슬람권에서 가난과 배고픔이 싫고 장기독재와 부정부패가 견디기 힘들기 때문에 국민들이 반발하여 일어난 것이지 이슬람이라는 종교 혹은 그 체제가 싫어서 봉기한 것은 아니라는 것을 알아야 한다.

그런데 국민들이 이렇게 반정부 소요를 일으킬 때 이것을 기회로 보고 일어난 세력들이 있었다. 바로 원리주의 무슬림들이었다. 그 대표적인 것이 이집트를 중심으로 일어나 전 세계에 지부를 두고 있는 무슬림 형제단(Muslim Brotherhood)이다. 이들은 테러와 요인 암살 등 폭력적인 방법으로 원리주의 이슬람의 교리를 실천함으로 그 영향력을 확산시키고자 하는 집단이며 이들의 궁극적인 목표는 온 세상을 이슬람의 깃발 아래 정복시키고 이슬람 율법 즉 샤리아로 다스리는 세상을 만드는 것이다. 이들은 매일 "알라는 우리의 목표, 무함마드는 우리의 지도자, 꾸란은 우리의 법, 지하드는 우리의 수단, 알라를 위한 죽음은 우리의 대망"이라고 구호를 외친다. 이들의 폭력적인 성향 때문에 이집트의 역대 통치자들은 57년 동안 이들을 불법집단으로 분류하고 그 활동을 금지시켰다. 그러나 서방세계의 적극적인 지원을 등에 업고 무바라크를 몰아내는데 성공한 이집트 국민들과 서방세계는 마땅한 지도 세력이 없었기에 무슬림 형제단을 대안통치세력으로 인정하고 말았다. 이들은 처음에 부드러운 모습으로 위장하고 이집트 국민들과 서방세계를 속이고 이슬람 율법에 의한 의회 구성과 대통령 선거와 헌법 통과까지 성공했다. 이런 모습을 보면서 30 여 년 전의 이란의 모습을 보는 것 같다.

이란의 이슬람 혁명

팔레비 왕조가 이란을 다스릴 때 이란은 세계적인 강대국 대열에 들어 있었다. 그 때는 어떤 나라도 이란 사람들에게 비자를 요구하는 나라가 없었다고 한다. 주부들이 테헤란의 시장에 가서 맘에 드는 물건이 없으면 장바구니를 든 채로 테헤란 공항으로 가서 파리나 런던 혹인 이태리로 날아가서 시장을 보고 왔다고 하는데 그 때의 이란 환율은 미화 1불 당 75리얄 정도 했단다. 그 때는 1만 리얄 정도면 10명 정도의 손님을 성대히 치러낼 수 있었다고 한다. 그러나 지금은 1인당 20만 리얄 정도를 들어야 간신히 손님을 치를 수 있단다. 그때는 한국 사람들이 이란에 와서 차량 운전수 혹은 정비사 등으로 취업을 했었다고 하는데 그 수가 테헤란에만 2-3만 명 정도나 되었다고 한다.

그러던 이란이 1979년 2500년 이상 지속되어 왔던 군주체제를 혁명으로 뒤집고 팔레비 왕조를 몰아내고 이슬람 공화국을 세웠다. 이것은 인류 역사상 최초로 거대한 국가가 통째로 원리주의 무슬림들의 손에 넘어간 대표적인 본보기가 되었으며 이란은 이 점에 있어서 대단한 자부심을 가지고 있고 심지어는 이란이라는 국가의 존재 목적이 바로 이슬람 혁명을 수출하는 일이라고 거리낌 없이 말하는 것을 어렵지 않게 들을 수 있다. 호메이니는 이란의 혁명을 위해서 오랫동안 준비해 왔으며 이란 국내에서 혁명을 꾀하는 것을 용납할 수 없었던 팔레비 왕조는 호메이니를 국외로 추방하였다. 추방된 호메이니를 받아들인 것은 바로 접경 국가인 이라크 였다. 그러나 호메이니를 환영한 것은 이라크 국가가 아니라 이라크에 다수를 점하고 있는 시아파 무슬림들이었다. 호메이니는 이라크의 이란의 국경에 가까운 곳에 머물면서 이란 내의 혁명을 준비하는 사람들을 돕고 있었다. 그의 육성 메시지를 담은 오디오 테이프는 은밀히 이란 국내로 전달되어 대량으로 복사되어 그를 추종하는 사람들에 의해서 전국에 퍼져갔다. 그의 메시지를 들은 이란 국민들은 매우 흥분했다. 호메이니의 메시지는 간결하고 분명했다. "지금 이란을 통치하고 있는 팔레비 왕조는 부패했다. 이란은 미국에게 허리를 굽혀야 할 정도로 약하지 않은데 팔레비 왕조는 미국의 시종이 되어서 그들이 시키는 대로 한다. 팔레비 왕조는 알라께서 주신 석유 판돈을 백성들에게 나누어 주지 않고 자신들의 부귀영화를 위해서 해외로 빼돌려 부정축재하고 있다. 만일 백성들이 봉기하여 팔레비 왕조를 몰아내고 우리가 정권을 잡으면 우리는 알라의 이름으로 맹세하건대 부정부패를 척결하고 이슬람의 율법으로 정의를 실천할 것이다. 알라께서 이 나라에 주신 석유를 팔면 국가 운영을 하고도 남는 재정이 확보되는데 국민들에게 왜 세금을 받겠는가? 국민들이 우리에게 정권을 맡겨 준다면 우리는 세금을 받지 않겠으며 석유를 판돈으로 국가를 운영할 것이며 쓰고 남는 재정은 국민들에게 공평하게 나눠서 집 앞으로 배달해 줄 것이다." 이런 메시지를 들은 이란 국민들은 팔레비 왕에 대한 증오가 끓기 시작했다. 그래서 국민들이 봉기하여 일어나게 되었다. 1978년 말경에 미국의 카터 대통령은 이란의 팔레비 왕조와의 우의를 돈독히 하고 상호 협력을 다짐하는 의미에서 이란을 방문하였다. 그가 미국으로 귀국하고 얼마 있다가 호메이니의 메시지를 듣고 신뢰한 이란 국민들이 혁명을 일으켜 결국 팔레비 왕가는 해외로 탈출하고 1979년 초 이란에서 이슬람 혁명은 성공하여 호메이니를 최고 지도자로 세운 이슬람 신정국가가 탄생하게 되었다. 새로 탄생한 국가의 국호는 이전에 있었던 이란이라는 이름에 이슬람을 붙여 이슬람 이란 공화국(Islamic Republic of Iran)으로 불리게 되었다. 호메이니가 테헤란의 메흐르아바드 공항에 도착하여 비행기에서 내려오는 장면은 해마다 이슬람 혁명 기념일에 수없이 반복되어 이란의 모든 TV에 방영되는 단골메뉴다. 그 때 아자디 광장에 모여서 그를 환영하는 인파는 콩나물시루 같았다. 그가 혁명을 위해서 목숨을 바쳤던 순교자들의 영혼을 위로하기 위하여 베헤쉬테 자흐러 공동묘지로 가는 길에는 그의 차를 만져보는 영광을 경험하고자 하는 사람들이 인산인해를 이루었으며 심지어는 그의 차가 지나가는 모습을 자신의 육안으로 직접 보고자 하는 사람들이 거리를 메워 차가 움직일 수 없을 정도였으며 가로수에는 사람들이 올라가서 가지마다 진딧물처럼 붙어 있었고 주변의 빌딩의 옥상에는 사람들이 빽빽이 서서 호메이니의 얼굴을 먼발치에서나마 봤던 역사의 증인이 되고자 했다.

호메이니가 약속했던 알라의 정의가 실현되는 나라, 그리고 국민들에게 세금을 받지 않고 석유 수출대금으로 국가운영을 하고 남은 돈을 국민들에게 나눠주는 나라, 그런 나라를 기대하는 국민들의 기대는 중동의 최강국이었던 이란을 삽시간에 이슬람 원리주의 국가로 만들어 놓았다. 호메이니는 팔레비 왕조를 몰아내기 위하여 사회주의자들과 손을 잡았다. 그리고 혁명을 성공시키자 그들을 은밀하게 숙청하였다. 오로지 이슬람 율법으로 다스리는 나라를 만드는데 사회주의자들은 이념이 맞지 않는 걸림돌에 불과했다. 다만 팔레비 왕조를 몰아내는 데는 그들의 도움이 필요했기 때문에 잠시 이용했었으나 목적을 달성한 후에는 그야말로 토사구팽 이었다. 그리고 헌법을 고쳐 이슬람 율법인 샤리아가 이란 이슬람 공화국의 최고의 가치를 지닌 법으로 명시했다.

국민들은 호메이니가 약속을 믿고 그에게 전폭적인 지지를 보내어 이슬람의 샤리아로 다스린다는 것이 무엇을 의미하는 것인지 잘 몰랐고 이슬람의 정의를 실현하기 위해서는 이를 뒷받침하는 샤리아법이 필요하다는 이슬람 성직자들의 설득에 쉽게 동의했다. 2500년 이상을 왕정으로 다스렸던 군주국가가 이슬람 공화국으로 바뀐 것은 세계적인 역사의 흐름을 변화시키는 대사건이었다. 이로 인해 세계적으로 이슬람 원리주의자들이 용기를 얻어 중동의 최강국이었던 거대한 이란을 뒤집었던 이슬람 혁명의 역사를 다른 나라에도 확산시켜야 한다는 꿈을 가지고 우후죽순처럼 일어나기 시작했다. 이란은 원리주의 국가였기 때문에 이스라엘을 가장 먼저 없애야 할 적으로 선언했다. 물론 이스라엘을 적으로 명시한 대외적인 명분은 첫째 중동의 평화를 위해서 그리고 둘째는 팔레스타인의 불쌍한 피해자들을 돕기 위한 것이라고 내세웠지만 사실은 이슬람의 경전인 꾸란에 유대인들을 가장 사악한 피조물이라고 선언(꾸란 98:6)하고 그들을 친구로 삼지 말라고(꾸란5:51) 명하고 있기 때문에 누구든지 정상적인 무슬림이라면 이스라엘을 미워할 수밖에 없다.

이란은 1980년 1월25일 초대 대통령을 선출하는 대선을 치렀다. 국민들은 프랑스에 있을 때부터 호메이니를 전적으로 지지했던 경제학 박사이며 인권운동가 출신의 아볼하산 반니사드르(Abol Hassan Banni Sadr)에게 78.9%의 압도적인 지지를 보내어 그는 2월4일 대통령으로 취임했다. 처음에 정치에 관심이 없다던 호메이니는 81년 6월 10일 정치 최고 지도자의 역할을 원했고 반니사드르 대통령은 이슬람 성직자들이 정치에 간여하는 것을 반대했다. 그러자 그의 측근들은 살해되었고 그를 지지하는 기자들은 체포되어 감금되었고 대통령 집무실은 압류되고 6월21일 호메이니는 국회에 등장하여 그의 탄핵을 독려했으며 이에 국회는 즉시 이를 통과시켰고 호메이니는 다음 날 즉시 그의 탄핵을 인준했다. 그 때 호메이니는 이슬람 공화당 이외의 모든 당을 해체시키고 당의 간부들은 체포했으며 반니 사드르 대통령은 결국 탄핵을 당했는데 갑자기 임기도 채우지 못하고 권좌에서 밀려난 그는 영향력있는 측근들을 모아 대통령직을 회복하려고 노력했으나 큰 힘이 되었던 모함만레자 싸아다티가 사형당하는 것을 보고는 이란에 머무는 것이 안전하지 않다는 것을 확인한 후 7월28일 공군기를 타고 프랑스로 도피하였다. 프랑스는 그가 프랑스 내에서 호메이니 반대 운동을 하지 않겠다는 조건으로 그를 받아들였으나 얼마 후 테헤란 주재 프랑스 대사관 철수조치로 그 조건은 자동 해제되어 반니 사드르 이란 전직 대통령은 이란 저항 운동을 시작할 수 있게 되었다.

반니 사드르의 후임으로 교육학 박사였던 모함만 알리 라자이(Mohammad Ali Rajai)가 91%의 지지율로 대통령직에 당선되어 81년 8월2일 취임했지만 한 달도 넘기지 못하고 그달 30일 국방최고회의를 위해 모인 자리에서 국무총리였던 모함만 자번 버호나르와 함께 폭발물 테러로 살해되었다.

그 후에 1981년 10월에 이슬람 이란 공화국의 세 번째 대통령으로 선출된 사람은 세이옌 알리 허메네이(Seyyed Ali Khamenei)였다. 그는 1680만 유권자들 중 1600만표가 넘는 득표를 얻어 95.02%의 득표율로 당선되었다. 그의 대통령직 당선은 매우 특별한 의미가 있다. 첫째는 이란 건국 이래 최초의 이슬람 성직자 대통령이라는 것이며 종교지도자 호메이니와 함께 비로소 자유롭게 오직 이슬람의 율법인 샤리아로 다스리는 나라를 만들겠다는 꿈을 성취한 것이었다. 그가 4년의 임기를 마치자 85.66%의 득표를 얻어 4년의 대통령직을 연임하고 최고 지도자 호메이니가 89년6월3일 사망하자 최고 지도자의 자리를 그가 승계했다. 호메이니는 죽기 전에 최고지도자의 지위를 확고히 하는 발판을 마련했는데 어떤 결정도 최고지도자의 인준이 없으면 효력을 발생할 수 없다는 법이었다. 이를 발리 에 화기(Vali e Faqi) 혹은 벨러야테 화기(Velayat e Faqi)라고 하는데 예를 들면 입법, 사법, 행정의 최고기관의 모든 결정 뿐 아니라 국민의 손으로 선출한 지도자도 그의 인준이 없으면 무효가 되는 정도의 권력을 가지는 모든 법의 제한을 초월하는 최고지도자(Supreme Leader)라는 의미다. 그 후 허메네이는 지금까지 생존하여 그 자리를 유지하고 있다. 그러므로 이란의 국가 체제는 민주주의의 형태를 유지하기는 하지만 최고지도자의 명령이면 국회에서 통과된 법률, 혹은 대법원의 판결 등도 뒤집

1979년 팔레비 왕조를 몰아내고 이란을 이슬람 공화국으로 만든 호메이니가 잠들어 있는 황금 돔

을 수 있고 국민투표 결과도 뒤집을 수 있는 절대 권력자이며 그를 대적하는 것은 이슬람의 체제를 대적하는 것이며 알라를 대적하는 것과 같은 처벌을 받을 수 있다.

이란과 한국의 관계

이란은 정치적으로 북한과 매우 긴밀한 유대관계를 유지하고 있으나 대한민국과는 친미성향의 국가로 분류하여 정치적으로 경계하는 입장이다. 그러나 민간 차원에서의 교류는 매우 활발하다. 축구를 매우 좋아하는 이란 사람들은 한국이 2002년 한국과 일본에서 치러진 월드컵에서 4

강신화를 기록한 것을 두고두고 이야기 하면서 대한민국이 아시아 축구의 체면을 세워주었다고 칭찬이 대단하다. 또한 중동을 휩쓸고 있는 한류 열풍이 이란에 불어 "대장금", "주몽", "해신 장보고" 등의 T.V를 통한 안방 드라마가 시청율 90% 대까지 기록을 경신하며 인기리에 방영되었고 한국산 전자제품들은 이란 시장을 석권하고 있고 대우와 현대 및 기아의 자동차들은 테헤란 거리를 누비며 대한민국 홍보대사 역할을 톡톡히 하고 있다. 한국 상품들은 품질은 동남아 제품들과 비교할 수 없을 정도로 좋을 뿐 아니라 유럽 제품들 못지않음에도 불구하고 가격은 유럽 제품들보다 훨씬 저렴하다는 장점이 있어 무슨 제품이든지 한국에서 만들었다는 것만 확실하다면 무엇이든지 좋아한다. 이토록 이란 국민들은 대한민국을 매우 좋아하지만 정치인들은 친미경향이 있다는 이유로 대한민국을 좋아하지 않는다.

이란의 핵개발의 득과 실

이란을 방문했던 국제핵사찰단의 2011년 마지막 보고를 통해서 "핵무기를 만들고자하는 시도가 보인다"는 평가가 발표되자 미국을 비롯한 서방세계가 이란 경제제재를 더욱 강화시켜야 한다고 입을 모았다. 그런 와중에 영국에서 이란 국립은행(Meli Bank)과의 거래를 중단한다고 발표하자 젊은이들은 분노하여 테헤란 시내에 있는 영국 대사관의 담을 넘어 그들의 사택을 침입하여 유리창과 집기들을 부수고 위성안테나를 뜯어 내렸다. 이에 충격을 받은 유럽의 매스컴은 이란 제재를 부채질했고 결국은 최근에 미국도 이란 국립은행과의 거래를 중단할 뿐 아니라 이란과 석유공급 계약을 맺은 나라들을 압박하여 석유공급 경로를 바꾸고 이란과의 거래를 중단하라고 촉구하고 있다. 이에 이란은 전 세계 석유 공급량의 35-40%가 통과하는 호르무즈 해협을 봉쇄하겠다고 나서자 국제 유가는 폭등했고 미국은 호르무즈 해협 봉쇄를 용납하지 않겠다고 대응했다. 상황은 매우 첨예하여 서로 군사적 충돌도 배제할 수 없다는 입장이다. 이에 2011년 말경 미화 1불당 9800리얄 하던 환율이 2012년 1월 초 17000리얄까지 치솟았다. 하루가 다르게 환율이 뛰어올랐다. 2013년 초에는 37000리얄까지 치솟았다. 이에 대한 이란(Iran) 정부의 입장은 자신만만하게 큰소리 치며 앞으로 30년 동안 사용할 미화와 금을 보유하고 있기에 전혀 문제가 없다고 장담했지만 이란 국내 상황은 그다지 호의적이지 못했다. 사실 이란이 세계 2-3 번째 산유국이라고는 하지만 하루 450만 배럴씩 생산하는 원유를 수출했을 때도 경제적으로 크게 도움이 되지 않았던 이유는 싼 값으로 원유를 수출하고 비싼 값으로 정제된 휘발유를 수입해야하기 때문이었다. 국제사회의 이란 제재로 인해 이란의 경제는 크게 흔들릴 수밖에 없었지만 그렇다고 해서 이란이 핵개발을 중단할 기미는 보이지 않았다. 이란이 서방세계의 핵개발 중단 권유에도 불구하고 이란은 발전을 위한 평화적인 목적의 핵개발이라며 이것은 우리의 권리이며 이를 방해하는 것은 내정간섭이라고 고집하며 계속해서 우라늄의 농축시설을 증축시키자 국제사회는 불안해하기 시작했으며 미국의 오바마 대통령은 2012년 8월 10일 이란에 대한 제재를 강화하는 법안에 서명했다. 그 조치의 내용을 간단하게 표로 보면 아래와 같다.

구분	포괄적이란제재법	이란위협감소법안
정유제품 생산 지원 (Sec. 201(5))	직접적이고 상당한 정도로 이란의 정유제품 생산 확대 및 유지에 기여하기 위해 물품, 서비스, 기술, 지원을 판매·임대·제공(정유시설의 건설, 현대화, 수리 포함)한 자	제재행위에 항만, 철도, 도로 등 정유제품 운송이 주요 목적인 인프라의 건설, 현대화, 수리 등이 추가
이란 국채 매입 등 (Sec. 213)	신설	이란 국채나 이란정부 관련자의 부채를 매입·신청·발행 지원자
석유화학제품 생산 지원 (Sec. 201(5))	신설 (행정명령 13590호 제재내용을 법제화)	직접적이고 상당한 정도로 이란의 석유화학제품 생산 확대 및 유지에 기여하기 위해 물품, 서비스, 기술, 지원을 판매·임대·제공한 자
		건당 25만불, 12개월 합계 1백만불 이상
이란으로부터 원유 운송 (Sec. 202(a))	신설	동 법 발효일 이후 90일 경과 후, 인지 하에 이란에서 제3국으로의 원유 운송에 사용된 선박의 수익 소유자, 또는 해당 선박을 기타 소유·통제·운영·보증한 자 * 단, NDAA에 의한 제재예외 인정
이란산 원유 및 정유제품 운송 은폐 (Sec. 202(a))	신설	동 법 발효일부터 90일 경과 후, 인지 하에 이란산 원유 및 정유제품 운송 사실을 숨기는 방식(위성 추적장치 사용중단, 선박의 소유·운송·통제자가 이란정부 NITC, IRISL 또는 이들의 관련사임을 은폐)으로 이용된 선박의 수익 소유자, 또는 해당 선박을 기타 소유·통제·운영·보증한 자 * 미국에 최장 2년 입항금지 추가제재 부과가능
이란 WMD 개발 지원 (Sec. 203(a))	물품, 서비스, 기술 등을 수출, 이전, 제공하여 이란의 생화학 무기 및 생무기 및 관련기술 개발/조달 능력에 기여하거나 재래식 무기 불안정 축적 개발/조달 능력에 기여한 자	제재행위에 승인, 촉진, 환적 추가 (또한 해당 물품 등이 이란에 수출, 이전, 환적, 제공될 것을 인지하는 경우의 수출, 이전, 환적도 제재)

구분	포괄적이란제재법	이란위협감소법안
이란 WMD 확산, 테러활동 관련 물품 운송 지원 (Sec. 203(a))	신설	이란정부의 WMD 확산, 테러행위 지원에 실질적으로 기여할 수 있는 물품의 이란 행/발 운송과 관련한 선박의 판매·임대·지원이나 (재)보험, 여타 운송서비스를 제공한 자는 IEEPA에 의거, 미국내 자산동결 제재 부과
이란과의 조인트 벤처(JV) (Sec. 201(5), Sec. 203(a)))	신설	동 법 발효일 이후 이란 밖에서 일어나는 이란의 석유자원 개발 관련 JV('02.1.1 이후 설립)또는 우라늄 채광·생산·운송 관련 JV('12.2.2 이후 설립) 참여에 대해 제재 부과 * 180일 내 참여 중단시 제재예외
NIOC 및 NITC와의 석유 거래 (Sec. 312)	신설	동 법 발효일로부터 45일 이내 재무장관이 NIOC 및 NITC의 IRGC 관련성 여부를 결정하고, 관련자로 결정시 NIOC, NITC와 석유·석유제품 수입 관련 주요거래 또는 주요 금융서비스 촉진 및 제공한 해외금융기관 제재 단, NDAA에 의한 제재 예외 인정, 여타 관련조항에 대해서도 예외인정
NIOC 및 NITC에 대한 (재)보험 (Sec. 212)	신설	동 법 발효일부터 60일 경과후 NIOC나 NITC에 보험, 재보험, 보증 서비스를 제공한 자 * 식품, 의약품, 인도주의적 지원 제외 * 120일 내 중단 확약시 제재예외
제재조치 내용 (Sec. 204(a))	다음 제재조치 중 3개 이상 부과 – 미 수출입은행의 대출, 차관, 신용보증 거부 – 미 수출허가 대상 품목의 수출허가 발급 거부 – 미국 은행의 연 1000만 달러 이상 대출 금지 – (금융기관의 경우) 미 국채 거래 및 정부기금의 예치금지 – 미 정부 조달 금지 – 대미 수출 금지	기존 제재조치 외에 다음의 제재조치가 추가되고 부과하는 제재조치도 5개 이상으로 확대 – 미국인이 제재대상자의 주식, 채권의 투자 및 구입을 특정 금액 이하로 제한 – 제재대상 기업(관련사 포함)의 임직원 등 관련자의 미국 입국 금지 및 추방 – 제재대상 기업의 주요임원에 대해서도 제재 부과 가능

구분	포괄적이란제재법	이란위협감소법안
	– 미국 내 외환시장 접근 금지 – 미국 은행 시스템 접근 금지 – 미국 내 자산거래 금지	
CISADA 금융기관 제재 조항 (104조) 강화 (Sec. 214, 215, 216)	UN제재대상자에 대해 금융서비스를 제공한 해외금융기관 제재	UN제재대상자 외 UN제재대상자에 의해 소유 또는 통제되는 자 등으로 확대
	이란의 WMD 확산 또는 국제테러지원과 관련되어 IEEPA에 의거 자산동결 조치된 이란금융기관에 대하여 금융서비스를 제공한 해외금융기관 제재	금융거래 제한대상을 이란금융기관뿐만이 아닌 이란의 WMD 확산 또는 국제테러지원과 관련된 전체 개인 및 단체로 확대
	이란의 WMD 개발 획득 등 제재대상 행위의 촉진·참여	제재대상 행위의 촉진·참여 및 지원·대리·중개·시도·공모도 제재대상에 포함
미국인 소유·통제자 금지행위 확대 (Sec. 218)	신설	미국인이 (50% 이상 지분을 갖는 등) 소유·통제하는 해외기관은 IEEPA 금지대상 거래 관여 금지 * 제재대상 업체를 소유 또는 통제하는 미국개인/업체에 대해서도 과징금 부과 등 제재 (즉, 모기업 또는 자회사도 제재대상이 될 수 있음)
증권발행자에 대한 보고 의무 (Sec. 219)	신설	미국 내 증권발행자는 다음의 금지행위에 대한 관련성 여부를 정기적으로 미국증권거래위원회(SEC)에 보고하고, 필요시 제재 부과 – 이란제재법(ISA)에서 규정하는 금지행위 – CISADA에서 해외금융기관과 관련하여 규정하고 있는 금지행위 – 행정명령 13224, 13382호 및 이란거래규정(ITR)에 의해 제재대상자로 지정된 자와 관련된 거래행위
금융통신서비스 제공(Sec. 220)	신설	이란중앙은행 및 제재대상 이란은행에 대해 금융통신서비스를 제공한 자에 대해 IEEPA 에 따른 제재부과 가능

구분	포괄적이란제재법	이란위협감소법안
원유, 석유제품 거래정보 보고 (Sec. 224)	신설	미 대통령은 이란으로 수입되거나 이란으로부터 수출되는 원유 및 정유제품의 물량, 그러한 제품을 판매하고 운송하는 개인 혹은 단체, 그러한 제품들이 정제되는 국가, 금융(financing) 출처 등과 관련된 보고서를 미 의회에 제출
IRGC 및 이란정부 관련자 제재 (Sec. 303, 311, 221)	신설	IRGC 관련자의 미국 내 자산동결 및 입국 금지
		IRGC 관련자 및 UN제재대상자 등의 지원시, 또는 이들과의 주요 거래(바터거래 포함) 시 제재 부과(5개 이상)
		IRGC 관련자 및 UN제재대상자 등을 지원한 해외 정부기관 제재(방산물자 수출 금지, 군용/이중용도 품목 수출허가 금지 등 7개 중 부과)
		정부 조달 입찰자에 IRGC 및 관련자와의 주요거래에 관여하지 않았다는 확약서 제출 의무화
		이란정부 고위관료의 미국 입국금지
이란 인권유린 관련 거래 (Sec. 403)	이란정부 언론자유 침해에 사용될 우려가 있는 민감기술 이전시 제재	이란의 인권유린(총기 등, 또는 언론자유 침해가 가능한 우려기술)에 사용될 수 가능성이 있는 물품, 기술을 이전하거나 이전을 촉진한 자, 물품, 기술이 이전된 후 서비스를 제공한 자에 IEEPA에 따른 제재(예 : 자산동결, 금융거래금지, 수출입금지 등) 부과가능

지금 지구상에 이런 정도의 경제 제재를 국제사회를 통해 장기간 받고도 살아남아서 큰소리치면서 자신의 고집대로 할 수 있는 나라는 이란 외에는 없다고 본다. 그러고 보면 이란은 대단한 강대국임에 틀림없다. 이란이 국제사회와 동조하며 서로 돕고 우호적인 관계를 유지한다면

이란 국민들을 위해서 그리고 이란의 장래를 위해서 매우 유익한 조치가 될 것이다. 더구나 이란은 산업의 동맥이라고 할 수 있는 석유가 앞으로 몇 백 년을 가도 다 소비할 수 없을 정도로 많이 매장되어 있고 철과 구리 등 지하자원과 질 좋은 우라늄까지 많이 매장되어 있다. 그리고 풍부하고 값싼 노동력에 넓은 국토에 다양한 기후조건까지 좋은 조건은 다 가지고 있는 나라이기 때문에 이란 정부가 서방세계에 대한 자세만 우호적으로 바꾸면 얼마든지 평안하게 살 수 있는 나라라는 점을 생각할 때 지금의 상황이 매우 안타깝기만 하다.

경제 제재 이전에 매일 370만 배럴씩 수출하던 이란은 2012년 평균 매일 265만 배럴씩 수출하여 전년 대비 년간 400억 달러의 석유수출 수입이 줄었다. 국제적인 추가 제재로 미화 수입이 부족한 탓에 환율은 다시 폭등하여 미화 1달러 당 3만 7천리얄까지 치솟았으나 정부의 개입으로 차츰 떨어지는 추세를 보이고 있다. 하지만 미화 수입원이 별도로 마련되지 않는 한 정부의 개입도 잠시 효과가 있을 뿐 다시 오를 것이란 전망을 보이고 있다.

이란은 정유시설이 국내 소비량의 60%정도 밖에 감당할 수 없기 때문에 40%정도는 수입을 해야 한다. 그러므로 환율 급등으로 수입업자들은 비싼 값으로 물건을 사와야 하기 때문에 그 차액을 물가에 반영시키지 않을 수 없는 입장이다. 따라서 국민들의 체감 경기는 인내의 한계를 초월하는 지경이 되었다. 국민들의 주머니 사정을 생각해서 휘발유나 빵을 만드는 밀가루나 보리 가루에 엄청난 정부보조를 해 주던 것을 이제 국가 경제가 극도로 악화되자 더 이상 보조해 줄 수 없게 되었다. 따라서 아흐마드 네젓 대통령 임기 중에 휘발유 값이 4배-7배(400%-700%) 정도 뛰게 되고 국민의 주식인 빵 값도 500-800% 뛰고 전기세 수도세 가스세 등의 세금이 500-700% 급작스럽게 상승하게 되었다. 휘발유 값이 리터당 1000리얄 이었던 것을 배급제로 만들어 자동차 한 대당 매월 120 리터까지 사용할 수 있는 카드를 발급했다. 그 이상 사용하는 것은 리터당 4000 리얄씩 살 수 있도록 했다. 그렇게 1년 정도 하면서 배급량을 점차 줄여나가다가 결국은 매월 60리터 까지 줄이고 한계량을 넘을 때는 리터당 7000 리얄로 인상했다. 2013년 3월21일부터 시작되는 이란의 신년부터는 1리터당 휘발유 값이 200-300% 정도 인상될 것으로 보이지만 국민들은 하소연할 데도 없다. 모든 물가는 천정부지로 뛰었고 장바구니부터 시작된 국민들의 불만은 현 정권에 대한 총체적인 불만으로 이어지고 있다.

이란과 이스라엘

이란의 핵개발 의지가 노골화되고 핵폐기물을 농축시키는 원심분리기의 증설과 고성능화 작업이 차근차근 진행되는 모습을 보고 이스라엘

측은 가만히 앉아서 당할 수는 없다는 입장이다. 시한을 정해 놓고 국제사회가 적극적으로 나서지 않는다면 누구와도 상의하지 않고 독자적으로 선제공격도 불사한다는 입장이다. 이스라엘은 실제로 중동에서 핵을 개발하고자 하는 시도를 국제사회의 반대에도 불구하고 두 번이나 무력으로 저지한 경력이 있다. 한번은 1981년 6월 이라크의 바그다드에 부근의 40 메가와트급 경수로 원자로를 공군력을 동원하여 파괴했다. 또한 2007년 9월 시리아 동쪽의 사막지대에 있는 원자로를 전투기를 보내 야간에 파괴하였다. 이스라엘은 자국의 안보에 위협을 가하는 어떤 종류의 시도도 허락하지 않겠다는 단호한 의지를 보여 왔다. 자국의 안보를 국제사회의 결정에 위임시켜놓고 그들이 결정하는 대로 따라가겠다는 생각은 애초에 없다. 물론 이란의 핵 개발 프로그램의 중심지가 되는 나탄즈(Natanz)와 꼼(Qom)의 우라늄 농축 시설들을 공격하여 완전히 파괴시키는 성공을 거두었다고 해도 그로 인해 이란의 핵개발 의지를 완전히 꺾지는 못할 것이다. 이란은 자체 기술로 계속해서 핵 개발을 시도할 것이다. 그렇지만 이스라엘의 공격이 성공을 거둔다면 최소한 이란이 핵무기까지 개발하는데 걸리는 시간을 최소한 2년 정도는 지연시킬 수 있다는 분석이다. 그 후의 문제는 또 다음에 생각하자는 계산일 것이다. 그러나 국제사회는 좀 더 인내를 가지고 대화로 설득해 보자는 견해가 지배적이다.

그러나 막상 이란의 군사공격이 성공을 거둔다 할지라도 이란은 이로 인해 국제 원자력기구를 탈퇴하겠다고 할 수도 있으며 또한 이스라엘이나 이에 동조한 세력들에 테러를 가할 수도 있고 세계의 석유 운송의 30% 정도를 소화하고 있는 호르모즈 해협을 봉쇄할 가능성과 원리주의 이슬람 세력들이 테러를 가할 명분을 주는 것 아니냐는 견해도 있어 모든 결과가 긍정적이지만은 않다는 면도 고려해야 한다. 미국도 역시 함부로 이란과 전쟁을 선포할 수는 없는 상황이라서 입을 조심하고 있는 입장이다. 따라서 이란 국민들의 상황은 더욱 불안을 느끼게 되었고 중동 주변국들도 공연히 시끄러운 문제를 만들어 공포분위기를 조성하고 있는 이란을 고운 눈으로 볼 수 없는 입장이다.

자스민 혁명과 이란

이 정권이 바뀌지 않고는 희망이 보이지 않는다는 결론에 이르게 된 이란 국민들은 변화를 강력히 갈구하고 있고 불만이 고조되어 있는 상황이다. 우선은 경제적으로 너무 힘들고 둘째로는 국제사회의 지탄으로 전쟁의 불안까지 겹친 상황이다. 그렇다고 부정부패와 독재의 수준이 중동의 다른 나라들보다 낮다고 말할 수도 없는 상황이다. 그런데 튀니지, 이집트, 리비아, 시리아 등지에서 민중봉기로 정권을 뒤집기 위한 혁명이 일어나서 장기집권으로 철권통치를 해오던 독재자들을 몰아내고 성공하고 있는데 이란 국민들은 신기할 정도로 조용한 이유가 무엇일까? 그것은 북한의 공산당이 장기집권과 독재와 부정부패가 극심함에도 불구하고 국민들이 봉기할 엄두도 못내는 것과 유사한 상황으로 보면 이해가 쉬울 것이다. 이란은 북한식의 완벽한 통제시스템보다도 더 발달된 통제감시 체제가 갖춰져 있다고 해도 과언이 아닐 것이다. 완벽한 분석은 아니겠지만 이란에서 자스민 혁명의 영향이 효력을 발생하지 못하는 이유를 몇 가지 살펴본다면 아래와 같다.

첫째로 통신 시스템이 통제를 받고 있다. 이란의 통신 시스템은 100% 국가가 독점하고 있다. 도청을 하고 싶으면 언제든지 도청할 수 있고 휴대전화를 전국적으로 서비스를 멈추라는 최고 지도자의 명령 한 마디면 몇일 간이라도 멈출 수 있고 또 실제로 그런 일도 있었다.

둘째로 단체 이동의 자유가 없다. 대형 버스는 반드시 조합의 명령에 따라 움직여야 하고 도시와 도시를 잇는 고속도로의 중간에는 반드시 검문소가 있어서 승객운송용 대형버스들은 몇월 몇일 몇시에 어떤 목적으로 그 지점을 통과했다는 확인도장을 받아야 한다.

셋째로 이란 사람들의 주식은 빵이다. 그러나 이 빵은 우리처럼 몇 달분 양식을 미리 비축해 놓을 수 있는 체제가 아니다. 이 빵은 방부제를 섞지 않고 만드는데 매일 아침에 동네 빵가게마다 줄을 지어 서서 시선

한 빵을 사다먹는 것이 이란 사람들의 식생활 문화다. 이 식빵을 만드는 밀가루와 보리가루를 정부가 매일 공급해 준다. 만일 민중 봉기로 이 시스템이 장기간 무너지면 국민들이 견디기 힘들다.

넷째로 민중봉기를 일으킬만한 중심세력 혹은 지도자가 보이지 않는다. 그럴 수 있는 가능성이 있는 사람들은 이미 모두가 숙청을 당해 구심점이 보이지 않기 때문에 국민들의 불만이 팽배하더라도 그들의 힘을 효과적으로 결집시키기가 쉽지 않다.

다섯째 : 생활 경제가 너무 악화되었기 때문에 직장을 가지고 있는 사람이라도 출근해서 일을 하지 않으면 생계에 지장이 많다. 일가족 네 식구가 모두 일을 하여 생계를 도와도 저축을 할 수 없다고 호소한다. 일을 한다고 해도 지금 받는 봉급만으로는 생계가 어려운데 민중봉기로 그 수입원마저 끊어진다면 상상할 수도 없는 일이 벌어지기 때문에 엄두를 못 낸다.

여섯째 : 2009년 대선 때 보여준 것처럼 만일 실패했을 경우 받을 징계가 너무 끔찍해서 감히 엄두를 내지 못한다. 실제로 반정부 혹은 반 이슬람 세력의 준동을 막기 위해서 기독교인들의 가정을 급습하여 압수하고 옥에 가두는 일들을 통해서 공포분위기를 조성하여 정부의 하는 일에 불만을 언급하지 못하게 한다.

일곱째 : 아흐마디네전 대통령은 임기 중에 국민 한 사람 당 생계 지

원금(이를 이란어로는 여러네(Yaraneh)라고 부른다)을 매월 42만 리얄씩 전 국민들에게 지급키로 약속하고 이를 이미 몇 차례 지급했다. 심지어는 갓 태어난 아기들까지 차별 없이 같은 액수의 현금을 지급하니 얼마나 고맙겠는가? 세금은 몇 배로 올라 생활비 감당이 안 되는데 민중봉기로 이것마저 지원이 끊기면 상상하기도 싫은 일일 것이다.

여덟째로는 바씨즈(Basij)라는 자원 민병대의 활동이다. 이는 현 정권의 연장을 위해서 이슬람 혁명을 위해서 조직된 사람들인데 이들은 모든 분야에서 자원하여 모인 사람들이다. 어린 학생부터 노인들까지 지위고하를 막론하고 자원할 수 있다. 이들이 이슬람의 율법을 범했다고 신고를 하면 즉각 경찰이 출동하여 체포되고 처벌을 받게 된다.

아홉째로 매스컴을 정부가 장악하고 있다. 따라서 정치적 성향이 없는 사람들은 정부가 방송하는 내용을 듣고 설득되는 것이다. 대소시의 사람들은 깨인 사람들이 많지만 소도시나 농어촌 사람들은 방송에 의존하여 소식을 접한다. 이란에서 위성방송을 통해서 해외 소식을 접하는 것은 불법이다. 그러므로 계속 일방적으로 정부에서 만든 소식만 듣다보면 정부가 국민을 위해서 열심히 노력하고 있는데 워낙 국제 사회의 상황이 어려워서 그렇다고 생각하고 체념하게 된다.

열 번째로 이란은 종교와 정치를 서로 나눌 수 없는 신정통치 국가 체제이기 때문에 현 정권을 거역하는 것은 곧 이슬람을 거역하는 것이요 알라를 거역하는 것이라는 생각이 통념적으로 인식되어 있다. 다른 아랍 지역 국가들도 이슬람을 믿기는 하지만 그들은 독재자들이 이슬람을 강조하지 않고 제대로 실천하기 않고 있다고 비난하면서 이슬람의 이름으로 그들을 전복시킬 수 있었지만 이란에서는 정부에서 공권력을 통해서 이슬람 율법을 강요하기 때문에 이들을 대적하는 것은 신앙적인 부담이 될 수 있다. 특히 시아파 이슬람의 교리에 보면 에스맡(Esmat)이라는 교리가 있어서 이슬람의 최고 지도자는 윤리 문제로 비난을 받아서는 안 된다고 한다. 교리를 어기고 이들을 비난하며 봉기하는 것은 전국민적 지지를 받기가 쉽지 않을 것이다.

이런 몇 가지 이유 외에도 다양한 이유가 있겠지만 이 정도만 생각해도 이란과 아랍이 다르다는 것을 알 수 있으며 그래서 이란은 자스민 혁명이 영향력을 미치기 어려운 상황이라고 보인다.

이란과 북한의 관계

이란과 북한은 정치적으로 매우 긴밀한 협력관계가 형성되어 있다. 이란에서 북한으로 유학생들을 많이 보내고 있고 북한은 이란이 가야할 길을 앞서간 모델로 생각하고 있는 듯하다. 핵무기 개발과 미사일 실험

등은 북한이 자랑하는 강성대국의 상징이며 서방 세계를 길들이기 위한 최대의 무기라고 자부하고 있다. 이란은 북한의 핵무기 보유를 기정사실화하고 있는 국제사회의 분위기를 모방하고 싶어 하는 것으로 보인다. 그러나 사실 북한의 횡포로 국제사회의 비난과 함께 경제 제재로 인하여 가장 고통을 당하는 것은 북한의 주민들이다. 북한은 3차 핵실험으로 더욱 고립의 길을 자초하고 있는데 이란 역시 이와 매우 유사한 선택을 고집하고 있다. 국제사회의 강력한 반대와 경제 제재로 국가의 상황은 최악의 상황으로 치닫고 있지만 이란 정부는 이런 것에 개의치 않고 평화적인 목적의 핵개발이라고 주장하면서 귀를 막고 계속 원심분리기를 증설하고 있다. 가끔 도저히 견디기 힘들 때는 대화를 빙자하여 압박의 강도를 약화시키고자 한다. 이것도 역시 북한의 행동과 매우 흡사한 부분이 있다.

이란 국민들의 갈급증 해소책

이란 정부는 국민들의 불만을 해소할 돌파구를 찾아야할 필요성을 느끼고 이에 대한 대책마련에 부심하고 있다. 그런데 지금 임기가 2-3개월밖에 남지 않은 이란의 아흐마디 네전 대통령 은 자신을 장차 재림할 시야파 이슬람의 12번 째 이맘 마흐디의 지상 대리자로 자처하고 있다. 심지어는 그가 이란 대표로 미국에서 열리는 유엔 총회에서 연설을 할 때도 이슬람의 열두 번째 이맘의 재림이 가까웠으니 인류는 그를 맞이할 준비를 해야 한다고 주장한 바 있다. 일국의 대통령의 유엔 연설로서는 매우 이례적이지만 거기서 그의 신앙심을 표현하는 것이 무슬림으로서의 자부심이었으며 일종의 의무감을 느끼는 듯하였다.

이란 국내에서는 이맘 마흐디가 재림하여 테헤란 남쪽 150Km 정도 떨어진 잠캬런(Jamkaran)이라는 우물 속으로 들어갔는데 그 우물을 중심으로 커다란 모스크를 지어놓고 사람들에게 참배를 시키고 있다. 사람들은 그곳에 모여 참배하며 자신들의 갈급한 소원을 종이에 적어 그 우물 속으로 던지며 그 소원이 성취되기를 간구한다. 사람들의 방문이 많아지자 우물을 남자용과 여자용으로 나누어 설치하여 남녀가 섞이지 않도록 배려해 놓았다. 심지어는 인터넷 웹 사이트를 만들어 거리상 잠캬런에 참배하기가 부담이 되는 사람들은 인터넷을 통해서 헌금도 하고 참배도 할 수 있도록 하였다. 외국인들이 볼 때는 이를 일종의 미신이나 샤머니즘 적인 풍습으로 보일 염려가 있기에 외부 사람들의 사진촬영이나 밀착취재를 금하고 있는 실정이다. 그곳에서는 매주 화요일마다 대형집회가 열리는데 평일도 복잡하지만 화요일은 발 디딜 틈이 없을 정도로 인산인해를 이룬다. 지방에서 관광버스를 대절하여 오는 사람들이 많고 허허 벌판에 세워진 모스크이기 때문에 주차장이 끝이 보이지 않을 정도로 넓다. 보통의 이슬람 대형 집회는 금요일에 모이는데 여기서는 화요일에 모이는 이유는 이맘 마흐디가 우물 속으로 들어가면서 다시 오겠다고 한 날이 화요일이었다는 것이다. 이런 현상들은 물에 빠진 사람이 지푸라기라도 잡고 싶은 정도로 그 심령이 절막한 것처럼 이란 국민들의 마음이 이런 행위를 통해서라도 위로를 받고 싶어 하는 절박함이 엿보이는 대목이다.

이스라엘과 이란

이스라엘과 이란은 국경도 서로 멀리 떨어져 있으며 상호간 이해관계도 별로 없는 상황인데도 불구하고 이란의 대통령 혹은 최고지도자는 기회만 있으면 이스라엘을 지도에서 없애는 것이 중동의 평화 및 세계평화를 위해서 최선의 방법이라고 주장한다. 해마다 라마단이 끝나는 마지막 수요일은 루제 꼳스(Quds)라고 불리는 날인데 이는 이란의 전 국민이 봉기하여 억압받고 있는 팔레스타인들을 위해서 시위하는 날이다. 이란뿐 아니라 시아파 무슬림들이 모이는 곳에서는 어느 나라에서나 이런 행사를 한다. 한편에서 보면 이란은 페르시아 계통이고 팔레스타인 사람들은 아랍 계통이기 때문에 전혀 다른 사람들인데도 불구하고 국가적인 행사를 하여 돕고자 하는 것은 인도적인 면에서 매우 바람직한 현상이라고 보이기도 하지만 이를 위한 과다한 지출과 홍보는 가뜩이나 생계가 어려운 국민들에게는 자국민들의 생계를 외면하고 국가예산으로 해외에서 어려움 당하는 무슬림들을 돕고자 하는 것자체가 불만의 원인이 되기도 한다.

이란은 이스라엘을 미워할 이유가 없는데 왜 미워할까? 그것은 종교 때문이라고 볼 수 있다. 이슬람의 창시자 무함마드가 유대인들을 친구로 삼지 말라(꾸란5:51)고 명하고 있기 때문에 신정국가인 이란의 지도자들은 이스라엘을 원수로 여기지 않을 수 없다. 그래서 기회만 있으면 이스라엘의 멸망을 위해서 구호를 외친다. 마르그 바르 에스라일(Marg Bar Esrail)이라는 말은 이스라엘의 멸망을 호소하는 구호다. 학생들이나 공무원들이 모일 때마다 이 구호를 외친다. 이란의 매스컴에서는 이스라엘의 멸망을 외치는 구호 외에는 이스라엘이라는 국호를 사용하지 않는다. 온 세계가 사용하는 이스라엘이라는 국호 대신에 싸히오니스트(시온주의자들)라는 명칭으로 부른다. 이란은 79년 이슬람 혁명에 성공하여 팔레비 왕조를 추방하고 이슬람공화국을 만들고 81년도에 최초의 해외사업으로 레바논 남부에 헤즈볼라를 창설하여 지금까지 막대한 지원을 아끼지 않고 있다. 이스라엘을 코앞에서 괴롭히겠다는 것이다. 이스라엘의 입장에서 보면 자신들을 이 정도로 증오하는 세력이 핵무기를 가진다면 상상하기도 싫은 일이 벌어질 수 있다는 생각을 하지 않을 수 없을 것이다. 그래서 서방세계에서 이란을 좀 더 적극적으로 압박하여 핵을 포기할 수 있도록 하되 신속히 해야 한다고 목소리를 높이고 있다. 왜냐하면 시간을 끌면 이란이 핵무기를 만들 수 있는 시간을 제공하는 것이 되기 때문이다. 그래서 만일 더 시간을 끈다면 독자적인 공격을 하겠다는 속내를 감추지 않고 있다.

결론

이란이 속히 핵개발을 포기하고 국제사회와 동조하여 국가 발전과 국민들의 행복을 위해서 바른 선택을 할 수 있기를 바라는 것은 이란 국민들만의 염원이 아니라 온 세계가 바라는 소망이라고 생각한다. 한 때 전 세계를 지배했던 고대 페르시아의 고레스 왕은 점령자들의 횡포가 자연스러웠던 주전 5세기경에 이미 21세기에 내놔도 전혀 부끄럽지 않은 수준의 거의 완벽한 인권선언문을 발표했다. 그의 선언문에 의해서 남녀노소와 빈부귀천의 구별이 없는 평등 사회 즉 각자 자신의 민족들이 가진 고유의 문화적 풍습과 전통과 종교 활동을 보장받는 그런 자유를 누렸었다. 이슬람 혁명이 일어나고 34년이 지난 지금의 이란과는 매우 대조적인 모습이었다. 세계적인 인권의 모범국가였던 이란의 국민들이 남녀가 차별 없이 자유와 평등을 누리며 세계의 인권 상황을 개선해 나가는 인권

모범 국가가 되기를 바란다.

굳이 자스민 혁명이라는 단어를 붙이지 않아도 이란은 이란의 고대 페르시아의 원숙한 인권 상황을 회복한다면 모든 세계의 국가들이 본받고 싶어 하는 나라가 될 것이다. 그런 날이 속히 올 수 있기를 기대해 본다.

주전 5세기에 이미 21세기 수준의 인권선언을 했던 이란의 쉬라즈 근교에 있는 고레스 왕의 석묘

필자 약력

이만석 목사는 서울 장신과 장신대 신대원(M. Div.)을 마치고 예장 통합 용천노회에서 목사 안수를 받았다. 1986년 이란의 반다르아바스에 있는 대우철도공사현장에 현장목회자를 시작으로 이란에서 선교사역을 시작하였으며, 1991년에 테헤란에 있는 한인교회에 담임 목사로 부임하여 2004년 11월 추방될 때까지 14년 동안 사역하였다. 19년의 이란 사역기간 동안 반다르아바스 현장교회 및 테헤란 한인교회 담임하였다.

현재는 이란에서 추방되어 한국 이란인교회를 담임하고, 이란사역자 모임 고문, 이란기독교 TV 방송국 이사, 이슬람연구소 연구원, 이란선교회 대표 등으로 이란 밖에서 이란인들을 사랑하고 섬기는 일을 하고 있다.

저서로는 『베일 벗긴 이슬람』(2011), 『무함마드의 계시는 왜 자꾸만 바뀔까』(2009), 『아! 내 사랑 이란』(2005), 『이슬람의 알라는 기독교의 하나님인가?』(2011) 외 다수의 논문과 번역서가 있다.

중동 각국 최근 2년 상황

종교문화연구소 연구원

제2장은 중동과 아랍을 개략적으로 고찰하였지만, 본 장에서는 중동의 중요한 국가들을 소개하고 아랍 스프링 이후의 정치, 경제, 사회 상황을 고찰하고자 한다. 순서는 먼저 아랍 스프링이 일어난 주요 나라인 튀니지, 이집트, 리비아를 먼저 다루고, 걸프연합국가 (Gulf Countries Council: GCC)인 사우디아라비아, 카타르, 아랍 에미리트, 쿠웨이트, 바레인, 오만을 다룬다. 다음 중동 국가와 북아프리카 일부 나라들의 최근 상황을 설명할 것이다.

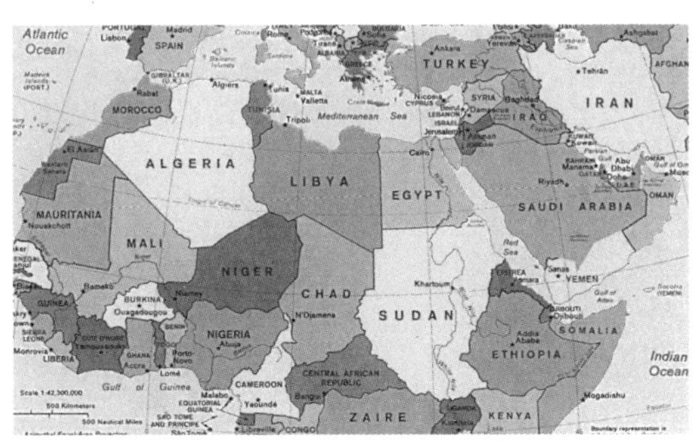

아프리카-중동 지도
(Global City Map)

아랍의 봄으로 축출된 각국 지도자들 (왼쪽부터 튀니지 벤 알리, 이집트 무바라크, 리비아 가다피, 시리아 아사드, 예멘 살레. 이 중 아사드는 건재하다. The Invisible Dog)

중동 지역 국가 중 아랍 스프링의 영향을 받지 않은 나라는 아랍 에미리트와 터키 등 몇 나라에 불과하다. 서구식의 민주주의 정치를 하는 나라는 전무한 상태이다. 터키는 가장 서구화된 나라이며 정치가 안정되었다고 말하지만 서구 국제정치학자들은 터키가 아직 민주화로 나가는 과정에 있지 민주주의가 달성된 나라로 보지 않는다. 왕정제도가 아닌 공화정치를 하는 나라들이 있으나 국가 통치에 있어 민주방식이 적용되지 않는다. 결정은 왕이나 권력자들의 몫이다. 많은 나라들은 아직도 원시적 부족주의가 강하여 근대국가로서의 기능을 발휘하지 못하고 있다.

1. 튀니지 (Tunisia)

역사

튀니지는 아랍 스프링을 촉발시킨 나라, 자스민 혁명을 일으킨 나라이다. 북아프리카의 구라파화한 나라로 불릴 만큼 교육수준이 높고 경제도 좋은 나라였다. 인구 약 1천 50만 명의 이슬람교 국가이다. 7-8세기 이슬람교가 들어오기 전에는 기독교 국가였다. 원주민은 베르베르족이며 고대 카르타고 왕국이 유명하여 지금도 카르타고 대학이 있다. 기독교회사(教會史)에 등장하는 어거스틴이 바로 카르타고 사람이다. 로마 점령 시절 기독교가 강한 지역으로, 초대기독교 이단인 도나티스트파(Donatist)가 이 나라에서 일어났다.

튀니지는 공화국으로서 북아프리카 국가들 중에서는 그 영토가 가장 작다. 서쪽에 알제리, 동남쪽에 리비아가 있고 북쪽으로 지중해에 접해 있다. 아랍어, 베르베르어, 프랑스어를 사용하며 1956년 프랑스에서 독립하였다. 그 남부는 사하라 사막이지만, 북부 해안은 땅이 비옥하며 튀니지의 내륙 담수(淡水)는 5%로서 한국의 거의 두 배 이상이다. 1인당 국민소득은 2011년 기준 미화 4,351달러지만 물가가 비교적 저렴하여 실질적 구매력으로 계산하면 미화 약 1만 달러에 가깝다. 1966년부터 원유를 생산하며 전력은 자급자족한다. 경제는 유럽 지역에 대한 수출 위주이다.

경제의 경우 11%는 농업, 25% 정도는 산업이며 나머지는 서비스 분야로 구성되어 있다. 에너지 다원화를 위해 2019년까지 원자력 발전소 두 개를 완공할 계획이며, 프랑스와 합작으로 태양열 발전도 추진하고 있다.

기원전 5000년경 나일강 비옥한 초승달 지역에서 발달한 농법이 북아프리카 중서부 마그레브 지역까지 전파되어 튀니지에서도 기원전 4000년경에는 농경문화가 정착된 것으로 보인다. 선사 시대 튀니지 주민들은 거의 대부분 유목민인 누미디아족으로 추정되며 역사시대부터는 베르베르족이 튀니지 및 리비아 지역에 자리 잡았다. 기원전 9세기 튀니지에 진출한 페니키아인 및 키프로스(사이프러스)인들은 카르타고를 건국하고 기원전 시실리 섬에서 희랍인들과의 전쟁에서 승리하여 지중해의 강대국으로 떠올랐다.

기원전 3세기 초 카르타고는 시실리를 노리던 로마 공화국과 충돌했다(1차, 2차 포에니 전쟁). 특히 2차 포에니 전쟁에서는 한니발 장군의 놀라운 전공으로 로마를 멸망 직전에 몰아넣었으나 결국 장기전에서 로마에 패배했다. 기원전 149년 로마는 카르타고에 매우 비현실적인 요구[1)]를 한 후 카르타고가 이를 거부했다는 이유로 3차 포에니 전쟁을 일으켜 카르

---

1) 카르타고의 귀족자녀 300명을 로마에 노예로 보내고 카르타고 성을 통째로 아프리카 내륙으로 이전하라는 명령. 카르타고는 이를 거부했고 로마군이 카르타고 성을 포위하자 3년 동안 외부에서 어떤 물자도 공급받지 못하는 상태에서 여성의 머리털을 잘라 이를 투석기로 사용하는 등 여러 가지 임시방편으로 필사적으로 항전했다고 한다.

타고 성을 3년간 포위 공격, 카르타고를 완전히 폐허로 만들고 튀니지 및 리비아 서부 지역을 로마의 군사기지화 했다. 포에니 전쟁에서 승리한 이후 로마는 오랫동안 지중해의 지배자로 군림했다. 로마제국 점령 당시 베르베르족 기독교 주교 도나투스는 도나투스파를 창시하기도 했다.

그 후 로마제국의 패망과 반달족의 침략, 이슬람 세력의 팽창, 오스만 튀르크의 지배는 리비아와 거의 역사가 같다. 다만 서기 7, 8세기에 걸쳐 완성된 카이로우안(Kairouan) 대(大)모스크는 이슬람 예술과 공예의 걸작으로서 그 역사적, 건축학적 가치가 대단히 높다. 중세 튀니지를 지배한 알모하드(Almohad) 칼리프 이후 이 지역 기독교 세력은 타 지역으로 이주하거나 개종한 것으로 보인다. 중세 후반부터 19세기 말까지는 오스만 튀르크의 지배를 받았다. 19세기 후반, 오스만 튀르크의 수도에서도 개혁이 진행 중이라는 소문이 돌자 당시 자치권을 가지고 있던 튀니지 지도자들도 개혁을 진행했고, 이로 인해 국가부채가 천문학적으로 높아졌다. 1869년 튀니지가 부도를 선언하자 국제금융의원회가 튀니지 경제를 감독했다.

이 기회를 이용, 1881년 프랑스는 튀니지가 알제리를 공격했다는 구실로 튀니지를 보호령(Protectorate, 식민지)으로 삼았다. 제2차 세계대전 중 튀니지는 추축국과 연합군의 북아프리카 전투 당시 핵심적인 군수기지이자 전쟁터였고, 아프리카 전투는 1943년 5월 13일 독일군과 이탈리아군이 연합군에 항복함으로써 끝을 맺었다.

법률을 전공한 튀니지 출신 언론인 하비브 부르기바(Habib Bourguiba) 등이 주도한 헌정자유당(Destour, 이후 Neo-Destour)이 독립운동을 전개한 결과, 1956년 튀니지는 프랑스로부터의 독립을 선포하고 부르기바는 초대 대통령이 되었다. 부르기바는 특히 교육을 중심으로 의료, 여성해방, 가족계획, 문맹퇴치 등 친서방 정책을 표방하며 개혁을 단행했다. 1987년 수상 벤 알리(Zine El Abidine Ben Ali)가 무혈 쿠데타로 대통령에 즉위한 후 부르기바를 가택연금하고 매우 독단적인 정치를 했다.

최근 상황

2010년 길거리에서 물건을 팔던 26세의 청년이 경찰에게 자기 생계수단을 빼앗기고 모욕을 당했다는 이유로 분신자살하자, 벤 알리 대통령 이후 만연한 부정부패, 인권탄압, 언론탄압 및 정치적 탄압, 높은 실업률, 경제 불황 속에서도 폭등하는 식량가격에 대한 국민들의 불만은 마

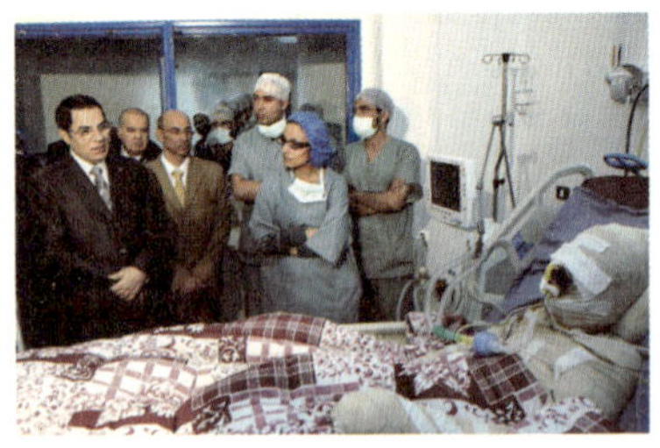

모하메드 부아지지 사망 전 그를 방문한 대통령 (BBC)

침내 폭발하고 말았다. 거센 시위로 인해 2011년 벤 알리 대통령은 사우디아라비아로 도망갔고 튀니지는 독립 후 최초의 자유선거를 실시했다. 선거에서 온건파 이슬람주의 정당인 나흐다(Ennahda)당이 다수당이 되었고 그들은 이슬람 율법을 국법으로 하지 않고 세속주의 헌법원칙을 지킬 것을 약속했다. 그러나 급진파 이슬람주의자들이 샤리아를 국법으로 할 것을 계속 주장하고 있는 가운데, 최근 2013년 2월 야당 좌파지도자가 암살되는 사건이 발생하였다.

작년 2월 5일 야당 지도자 초크리 블라이드(chokri belaid)가 아침 집을 나서는 순간 암살당하자 지지자들이 격렬하게 데모하기 시작하였다. 외신들은 이 사건을 본격적인 이슬람주의자들(원리주의)과 세속주의자들 간의 갈등으로 해석한다. 그의 장례식에는 많은 시민들이 참여, 데모를 벌였다. 일부 외신들은 이 데모를 '제2의 튀니지' 혁명으로 부를 정도이다. 이 여파가 이집트나 다른 아랍 국가로 번질 것을 우려하는 목소리도 나온다. 여기에는 물론 율법주의적 이슬람 교리를 강요하는데 대한 반발도 있지만 경제적 불만도 중요한 원인이 된다. 야당 지도자 암살 후에 새로 임명된 라라예디 수상(Ali Larayedi)은 거국 내각 구성을 약속했으나 야당의 반대가 심하며, 새 헌법도 이슬람에 기초하겠다고 하여 세속파들과 자유주의들의 저항을 받고 있다.

미국 국제정치학술지로서 권위를 가지는 Foreign Affairs 최신판은 이집트와 튀니지의 상황을 조사한 결과를 발표하였다. 이 조사는 포트랜드 대학교, 프린스턴 대학교 등의 북아프리카 국가연구소가 여론조사를 한 내용이다.(Lindsay Benstead et al, “Islamists Aren't Obstacle: How to Build Democracy in Egypt and Tunisia,” Foreign Affair, February 25, 2013). 이 보고서에 의하면 튀니지가 도리어 민주화 과정이 이집트보다 낫다고 하는데, 많은 시민기관들과 법의 정치가 이루어지고 있음을 근거로 제시한다. 이슬람주의자들(무슬림형제단을 의미)도 이집트보다 온건하여 종교가 민주화의 걸림돌은 아니라고 말한다.

이것은 작년도 유엔이 발표한 인간개발 보고서(Human Development Report)와 일치하는 것 같다. 인간개발 보고서에 의하면 튀니지는 인간개발 서열이 135개 국가 가운데 6등이었다. 인간개발 보고서는 인간존재의 향상을 이루어내기 위한 한 국가의 교육, 보건 및 경제 성장의 성취 정도를 분석한다. 튀니지의 경우, 교육 수준이 높고 군대는 정치성이 없으며, 민간 차원의 기구(organization)들이 많아 민주주의를 할 수 있는 장점을 가지고 있다. 일인당 국민소득도 4천불이 넘는다. 그러나 혁명이 일어났다. 근본적인 원인은 어려운 경제난과 발전이 없는 정치 때문이었다. 튀니지가 이미 민주화를 경험한 상태에서 이슬람 국가건설이 순조로울지 지켜보아야 할 것이다.

2. 이집트 (Egypt)

고대문명의 발상지이자 모세의 나라, 피라미드의 나라 이집트가 심각한 위기를 맞고 있다. 이집트는 중동 지역에서 정치적으로 비중이 큰 나라이다. 중동 지역에서 이집트가 정치의 중심 역할을 하고 있다. 이집트는 제1장에서 이미 거론한대로 무슬림 형제단이 강력한 이슬람 국가 건설을 진행 중이다. 먼저 경제에서 촉발된 위기는 사회혼란을 지나 정치혼란으로 옮겨가고 있다. 작년도 축구장 난동 사태 때 살상에 책임 있는 자들에게 사형을 언도하자 더 큰 혼란이 일어났다. 이집트의 최근 상황(2013년 3월11일자)을 내부자가 보고한 것을 그대로 인용하는 것이 이집트 상황이해에 도움이 될 것이다.

"정부가 통치력을 상실하다."

오늘 아침 이집트 제1여당지의 머리기사입니다. 연일 이집트 여러 도시들에서 시위가 계속되어 사망자와 부상자가 속출하고 있습니다. 작년에 있었던 포트 사이드 축구장 난동 사건의 결심 공판 이후 포트 사이드, 이스마엘리아, 수에즈, 만수라, 딴따, 알렉산드리아 등의 이집트 북부 도시들에서 시위와 시민 불복종 운동이 광범위 하게 일어나고 있습니다. 지난 토요일 항소심 공판이 있었는데, 그 판결에 불만을 품은 군중들이 보안대 건물과 경찰 클럽 본부 등을 불태웠습니다. 알렉산드리아 도시에서는 며칠 전부터 경찰들이 시민 불복종 운동을 하며 집단적인 업무 거부에 들어갔습니다. 엎친데 덮친 격으로 시위를 진압해야 할 경찰들까지도 파업을 하며 내무부 장관의 사임을 요구하고 있습니다. 경찰들이 거리에서 사라지고 나니 이집트는 점점 무법천지가 되어가고 있습니다. 군중이 지켜보는 가운데 자동차를 뺏어가고, 물건을 훔치고, 사람들을 죽이는 일들이 일어나고 있습니다. 곳곳에서 범죄가 일어나는데도, 그것을 제어할 공권력이 없으니 사회는 더욱 혼란스럽습니다. 경유와 휘발유의 공급이 끊겨 운행을 멈추는 자동차들이 속출하고 있습니다. 환율은 이미 20% 가까이 절하되었고, 서민 물가는 가파르게 상승하고 있습니다. 서민들의 주식인 빵 공장도 가스 공급이 되지 않아 가동이 멈추곤 한다는 이야기도 있습니다. 전문가들은 이 상태가 계속된다면 머지않아 국가 부도 사태가 올 것이라고 예견하고 있습니다. 국가는 이렇게 총체적 난국인데 대통령의 통치는 전혀 보이질 않습니다. 이 모든 사태의 책임이 대통령과 무슬림형제단에게 있는데, 그들은 이러한 난국에 대한 책임을 전혀 인정하지 않습니다. 대통령이 지금 무얼 하고 있는지 한심할 따름인데, 그럼에도 절대 물러나지 않겠다는 말만 반복 하고 있습니다. 대다수의 국민들은 모하메드 무르시 (Mohamed Morsy) 대통령에 대한 기대를 접은 것 같습니다. 이미 외신 등에서는 군사 쿠데타의 가능성을 이야기 하고 있습니다. 많은 국민들은 호스니 무바라크 (Hosni Mubarak) 대통령이 백번 낫다고 이야기를 하고 있습니다. 그들의 남은 기대는 군대가 다시 정권을 잡아 치안을 회복하고 이 난국을 헤쳐 나가는 것입니다. 정부가 워낙 무능한 식물정부이기에 나오는 말들입니다.
만일 군사 쿠데타가 일어난다고 해도 무슬림형제단이 쉽게 물러서지는 않을 것입니다. 85년 만에 어렵게 획득한 정권, 즉 선거를 통해 합법적으로 달성한 그들의 지상목표 실현을 쉽게 포기하지는 않을 것입니다. 또 한 번의 피바람이 불어올 것입니다. 이집트를 이미 '준 내전상태'라고 이야기하는 사람들이 많습니다. 이라크나 시리아처럼 내전 상태로 들어갈 지, 아니면 군대가 정권을 잡아 다시 예전의 통치력을 회복할 지 기로에 선 것 같습니다. 허리띠를 졸라 매고 호흡을 길게 해야 할 것 같습니다. (2013년 3월 11일. 카이로에서 이바나바)

어려워지는 이집트 경제

이집트 봉기의 동기는 이념이 아니라 빵이었다. 이집트 경제는 심각한 위기에 직면하고 있다. 경제 위기의 원인은 복합적이다. 2011년 세계경제포럼(WEF)에 의하면 이집트 경쟁력은 139개국 중 81위, 이집트는 국민들이 중산층을 향하여 도전하지만 과도한 공무원 숫자와 느린 관료주의

이집트의 복음교회 예배 장면이다. 매일 오후마다 있는 집회에 참석하는 이들은 대부분 무직의 가난한 서민들이다.

로 매번 실패한다. 교육은 쉬우나 질적인 면에 있어 131개 국가 중 106위이다. 정당이 없다. 부정부패가 심하여 창고건물 건설허가에 218일 소요된다 (David Brooks, The 40 percent nation," *International Herald Tribune*, Monday, February 7, 2011: 9). 이집트 아이들의 69%가 학교를 다니는데 이것은 말레이시아와 맞먹을 정도이다. 이들의 사회적 서비스나 경제 성장의 분배가 그리 나쁘지 않다고 말하는 학자가 있다. 이집트는 미국 상품을 수입하는 나라이며 군사원조도 받았다. 심지어 아랍 에미리트는 같은 수니파 이슬람이라며 많은 원조를 해 주었다. 그러나 무슬림형제단이 집권하면서 모든 원조를 중단한 상태이다. 이집트의 미래가 지극히 우려된다.

1979년 호메이니 이슬람 혁명으로 이슬람 성직자들이 거의 장관이 되어 나라를 운영하였다. 물론, 서방의 경제 제재도 있었지만 정치 경제의 전문가들이 아닌 종교인 출신의 장관들이 경제를 파탄으로 몰아넣었다. 지상에서 종교적 신정주의가 성공한 역사가 없다.

3. 리비아 (Libya)

역사

리비아(Libya)는 지중해 남부와 북아프리카 중부 마그레브(Maghreb) 지역에 위치해 있다. 그 동쪽에 이집트, 동남쪽에 수단, 남쪽에 차드와 니제르, 서쪽에 알제리와 튀니지가 있다. 면적은 세계 17위로서 넓은 편이지만 인구는 640만 명으로 인구밀도는 매우 낮다. 인구의 4분의 1인 170만 명이 수도 트리폴리에 집중되어 있다. 그럼에도 불구하고 2009년 리비아의 인간개발지수(HDI)는 아프리카에서 가장 높고 1인당 국민소득 역시 적도기니, 세이셸 제도, 가봉, 보츠와나에 이어 아프리카 5위이다. 알려진 석유 매장량 세계 10위이며 세계 17위 산유국이다.

리비아의 고대문명은 신석기시대부터 시작되었고 청동기시대를 거쳐 기원전 5세기경 페니키아인들의 국가 카르타고(카르타고는 오늘날 튀니지가 그 중심지였다)가 해상무역으로 지중해 서부지역을 장악하면서 그 절정을 이루었다. 고대 그리스 철학자 아리스토텔레스는 카르타고의 정치를 아테네, 스파르타, 크레타의 정치와 함께 가장 바람직한 정치형태로 평가하고 있다(아리스토텔레스, 정치학, '카르타고의 법제(法製)' 중에서). 한편 리비아 동부는 고대 그리스인의 도시국가 키레네가 있었으며 페르시아와 알렉산더 대왕이 차례로 지배했다.

기원전 202년 리비아 지역의 자마 전투(3차 포에니 전쟁)에서 한니발의 카르타고 군이 로마군에 참패한 뒤, 로마제국(그 당시는 공화국)은 기원전 147년에 카르타고를 완전히 멸망시켰다. 이로써 로마제국은 리비아 서부에 대한 지배확보는 물론 기원전 1세기경에는 리비아 동부지역 키레네까지 속주로 삼았다. 클라우디우스 황제 시절 초기 기독교 공동체가 키레네 지역에 성립되었고 그 지역은 서기 2, 3세기에 번영했으나 키토스(Kitos) 전쟁 이후 희랍인과 로마인들이 물러나면서 이 지역은 쇠퇴하기 시작, 마침내 반달왕국에 점령되었다. 그 후 동로마제국이 리비아 동부에 군사기지를 두었으나 원주민 베르베르족은 계속 저항하다가 마침내 7세기 경 이슬람교로 개종했다. 이때부터 리비아 및 북아프리카 전역은 이슬람교 옴미아드 왕조, 아바스 왕조의 지배를 받으면서도 바그다드로부터 상당한 자치권을 유지할 수 있었다. 시아파와 수니파의 갈등으로 혼란이 계속되던 중 11세기경 수니파가 지배하면서 순수한 아랍민족인 베두인(Bedouin)족 수천 명을 리비아로 이주시켜 아랍화가 급속히 진행되었다. 19세기까지 리비아는 유럽과 오스만 튀르크왕국, 자치 세력 간의 세력경쟁으로 쿠데타와 내전 등 혼란이 계속되었다.

1912년 이탈리아가 오스만튀르크와의 전쟁에서 이겨 리비아 지역을 식민지로 삼은 뒤 1934년에 공식적으로 리비아(본래 '리비아'는 말은 희랍인들이 이집트를 제외한 북아프리카 서부지역에 붙인 이름)라고 명명했다.

그러나 베두인 민족주의자들의 저항이 계속되었고, 제2차 세계대전 중 1943년 연합군이 리비아를 점령한 뒤 1947년 평화조약으로 이탈리아는 리비아를 포기했다. 1951년 리비아는 독립을 선포하고 입헌군주제 왕국으로 출범했다. 1959년 원유가 발견되어 경제가 성장했으나 수익의 대부분을 국왕 이드리스(Idris)가 독차지한다는 여론이 강했다. 마침내 1969년 무아마르 카다피 (Muammar Gaddafi)를 선두로 하는 장교들이 쿠데타를 성공하고 새로운 정부를 만들었다. 서방의 언론에 따르면 그 후 가다피는 사실상 거의 전권을 휘둘렀다.

최근 상황

아랍의 봄을 상징하는 시위로 인해 튀니지와 이집트에서는 과거의 정권이 무너지고 새 정부가 들어섰다. 이 추세는 리비아까지 확산되어 2011년 리비아에서도 국내 시위가 마침내 내전으로 발전하고 여기에 NATO군의 군사적 개입이 더해져 마침내 42년 동안 리비아를 지배한 가다피가 물러났다. 그 후 국가쇄신위원회(National Transitional Council, NTC)가 입안한 임시헌법에 따라 정치적 재건을 추진했고, NTC는 2012년 7월 국회의원 선거로 새로 구성된 국회에 모든 권한을 이양했다. 이 국회는 제헌의회로서 영구적인 리비아 헌법을 마련하여 국민투표로 승인을 받을 의무가 있다.

성난 시위대(BBC)

리비아 혁명은 자력과 타력이 합작하여 가다피를 몰락시켰다. 그러나 리비아가 평온치 않다. 초기 아랍 무슬림들은 연합군의 포격을 비난하였다. 필리핀의 무슬림 한 단체는 연합군이 예멘의 독재자에게 죽어가는 시민들은 그냥 둔 채, 리비아를 응징한다고 비난하였다. 2012년 7월 7일 국민의회선거를 치렀는데, 이 선거는 1952년 이후 60년 만에 가진 선거이다. 200명 선출 선거에 무려 3,700명의 후보가 난립하였다. 이중 여자가 600명이나 된다. 자유주의적인 국가세력연합당이 제1당이 되어 비례대표 의원 80명 중 39석을 차지하였고, 무슬림 형제단의 정의건설당이 17석을 차지하였다. 이집트와는 달리 이슬람 정당이 제1당이 되지 못하였다. 그러나 사회를 맡은 여성의원이 히잡을 하지 않았다는 이유로 단에서 강제로 내려오는 수모를 당하기도 하였다. 정치성향은 자유주의파, 세속파, 이슬람파로 분류할 수 있다. 가다피 정권하에서도 이슬람은 건재하였다. 가다피 정권도 술, 서구적 복장, 영화 및 출판물은 금지하였다.

그러나 현재의 리비아는 아주 복잡하다. 군벌들과 부족들이 지역을 장악, 중앙정부의 통제가 약하다. 작년 10월 미국 대사관이 공격을 당하여 대사와 2명의 직원이 살해당하는 사건은 치안의 한계를 드러낸다. 미국 정부는 알 카에다나 관련 테러 그룹의 소행으로 본다. 살라피파들은 수니파들을 괴롭힌다. 가다피 측의 사람들이 엄청난 보복을 당하자 국제인권단체들이 경고를 발하였다.

가다피 붕괴 이후 불똥이 북아프리카로 확산되고 있다. 리비아에 둥지를 틀고 자리잡았든 알 카에다 테러가 말리 등 북아프리카로 이동, 말리 서부를 10개월이나 장악하였다가 프랑스 군대와 아프리카 연합군대에 의하여 먼 지역으로 일단 퇴각하였다. 사회혼란이 아주 심각하다. 대부분의 사람들이 총을 소지하여 총기를 남용하는 사건이 많이 발생한다. 지역적으로는 동부와 서부의 갈등이 심하고, 부족들 간의 갈등도 국가안정과 통일에 장애가 되고 있다.

4. 시리아 (Syria)

시리아는 기독교 선교와 신학의 본산지였고 9개의 문명이 시작되고 사라진 고대 문명의 중심지였다. 또한, 6명의 교황을 배출한 기독교 국가였

1. 사울이 예수님을 만난 예배당
2. 내전이 일어나기 전, 아랍어를 사용하는 기독교인들이 모여 살던 지역을 방문했었다. 지금은 이 마을이 어떻게 되었을지 알 수 없다.

다. 지금도 시리아 인구의 약 10% 즈음이 기독교인이다. 시리아의 공식명칭은 시리아 아랍공화국(Syrian Arab Republic)이고, 서쪽으로는 레바논과 지중해, 북으로 터키, 동쪽에는 이라크, 남쪽에 요르단, 서남쪽에 이스라엘이 있다. 그 지형은 풍요로운 벌판과 높은 산 그리고 사막 고원지대로 이루어져 있으며, 인종 및 종교도 쿠르드족, 아르메니아인, 아시리아인, 기독교인, 드루즈파, 알라위(Alawi)계 시아파, 아랍계 수니파 등 매우 다양하다. 그러나 2200만 명의 인구 중 대부분인 90%는 아랍계 수니파이다. 과거에는 이 지역이 레반트(Levant) 지역으로 불렸다.

역사

시리아는 신석기시대부터 농경문화가 발생, 인류 최초의 농경지역 중

하나이다. 그 후에도 기원전 3천 년 전부터 에브라(Ebla)문명 등 여러 고대 문명이 꽃피었다. 에브라 문명은 셈족 계통으로 보이는데 그들은 아카드족에 정복되었고, 그 후 아모리족이 이 지역을 지배하다가 히타이트족에게 정복당했다. 그 후에도 가나안인, 알렉산더 대왕, 로마제국의 지배를 거쳐 이슬람교 팽창기, 몽고제국 일한국, 맘루크 시대를 거쳐, 오스만 튀르크 이후 지금까지 아랍 민족의 국가로 남아있다. 여러 다른 왕국이 이 지역을 정복하고 때로는 대학살을 자행하기도 했기 때문에 오늘날에도 그 민족적 구성이 다양하다. 수도 다마스쿠스는 전 세계에서 인간이 끊임없이 계속 거주한 가장 오래 된 도시이다. 이슬람교 팽창기에도 옴미아드 칼리프는 다마스쿠스를 수도로 했으며, 이집트 맘루크 술탄 시대에도 지방의 주도였다.

오늘날의 시리아는 제1차 세계대전까지 오스만 튀르크 왕국 치하에 있다가 전쟁 후 프랑스의 보호령이 되었다. 1946년 4월 독립하여 과거 오스

시리아 다마스쿠스의 이슬람 성전 내부. 경건한 무슬림들이 이슬람의 성자를 추모하고 있다.

내전 발발 전 하마 지역의 풍차. 아버지 하페즈 아사드와 아들 바사르 아사드 모두 이곳에서 엄청난 규모의 대량학살을 저질렀다. 하페즈 아사드가 죽은 자들의 시체를 덮고 산을 만들어 호텔을 지었다는 곳이 바로 옆 마을이다.

만 튀르크 치하의 아랍 레반트 지역 중에서는 가장 큰 아랍계 독립국이 되었다. 독립 후 시리아는 1949년부터 1971년까지 여러 쿠데타로 인해 혼란이 계속되었다. 그래서 1963년부터 2011년까지 시리아는 계엄 상태에 있었고 그 결과 헌법상의 기본권이 거의 보장되지 못했기 때문에 비민주국가로 분류된다.

1983년 하마에서 수니파 무슬림들과 무슬림형제단이 하페즈 알아사드(Hafiz al-Assad, 시리아 현 대통령인 바사르 알 아사드의 아버지)에게 저항, 데모를 하자 무자비하게 탄압, 수 만 명을 학살하였다. 죽은 자들의 시체를 덮어 산을 만들고 그 위에 큰 호텔을 지었다. 2000년 바사르 알 아사드(Bashar al-Assad)가 그 부친의 뒤를 이어 대통령이 되었다. 영국에서 공부한 조용한 의사였든 아들은 무서운 철권 통치지로 돌아와 결국 내전을 촉발시켰다. 시리아는 철저한 친소, 친북 노선의 사회주의 국가였다. 미국이 제일 싫어하는 이슬람 테러집단인 '헤즈볼라'를 옹호하는 나라이다. 1967년 아랍 전쟁 때는 북한 조종사가 시리아 공군을 도왔다. 1970년 집권에 성공한 아사드 가문은 지금까지 42년에 걸쳐 바스당(Ba'ath Party)을 기반으로 비상사태법과 무카바라트(mukhabarat, 비밀경찰)를 통해 국가 권력을 유지하였다. 국민 25명에 정보원이 한 명 정도로 철저하다.

시리아는 국제연합의 회원국이자 비동맹운동에도 참가하고 있기 때문에 아랍연맹 및 이슬람협력협회(Organisation of Islamic Cooperation)의 회원자격이 정지된 상태다. 또한 지중해연합(Union of Mediterranean)에서도 탈퇴하였다.

끝이 보이지 않는 내전

아랍의 봄은 시리아에 아주 무서운 겨울을 초래하고 있다. 2011년 봄 데모가 전국으로 확산되자 독재 권력자 아사드 정권은 곧 붕괴할 것으로 보았으나 내전은 아직 끝이 보이지 않고 오히려 장기전으로 돌입하고 있다. 아랍연맹 및 유엔의 권고에도 불구하고 아사드는 전쟁을 고집한다.

반면 반군세력 역시 온건파와 과격파, 국내파와 해외파의 복잡한 혼합으로 연합하지 못한다. 특히 과격 이슬람 세력들이 이미 막강한 세력을 발휘하고 있다. 이미 2장에서 언급한 바와 같이 수니파와 시아파의 대리전 양상을 띤다. 반정부군인 시리아 국민의회(Syrian National Council)는 아직 자신들만의 정부를 발표하였지만 실행하지 못하고 있다.

시리아 내전의 발단은 2011년 3월 남부 도시 다라(Derra)에서 시작되었다. 경찰이 반정부 구호를 쓴 10대 소년들을 구금했다. 이에 항의하는 시위대를 무력으로 저지하는 과정에서 사망자가 발생한 것이 직접 원인이 된다. 지방에서 시작된 작은 시위가 예상치 못하게 확대되고 말았다. 여기에 아랍 스프링이 시리아 내전의 도화선이 된다. 정부군과 반군의 전투로 이미 7만 명 이상이 죽었고 100만 명 이상의 시리아 사람들이 터키, 요르단, 레바논, 심지어 이집트까지로 피난을 가고 있다. 국제사회의 최대 관심사는 시리아가 화학무기를 사용할 것인지의 여부이다. 시리아에 화학무기가 있다고 확신한다. 이스라엘은 이에 대비해 벌써 시리아에 포격을 한 것으로 본다.

이 문제에 대하여는 2007년 한국을 방문한 이라크 공군 부참모총장을 지낸 조지 사다(George Sada) 장군은 이라크의 후세인이 상당량의 화학무기를 시리아 아사드에게 넘겼다고 증언한다. 사다 장군은 저서 『사담 후세인의 비밀』에서 이 문제를 강조하면서 아사드에게 화학무기를 유엔에 넘기라고 촉구한다.

"시리아를 파괴하는 외국인 전투원의 기원"

위 제목은 일본 중동조사회의 연구원 타까오까 유다카(高岡　豊)『中東硏究』(2012년3권)에 기고한 내용이다. 그는 아랍어에 능통한 중동 연구원으로, 작년 시리아에 '잠입' 하여 이 문제를 조사하였다. 반군형성의 과정을 요약하면 다음과 같다. 2012년 11월 1일, 카타르 수도 도하에서 시리아 반체제파의 연합체인 국민연립이 발족되었다. 이 기구가 모든 반체제운동을 연합하여 외국으로부터 오는 자금과 무기 등을 총괄하려고 하였다. 그런데 이슬람주의를 표방하는 반체제 무장 세력들이 이 조직을 일종의 '음모'로 단정, 배격하였다. 이들은 처음부터 샤리아에 기초한 이슬람 국가건설을 목표로 삼았다. 무장세력들은 알레포에서 주민들의 생

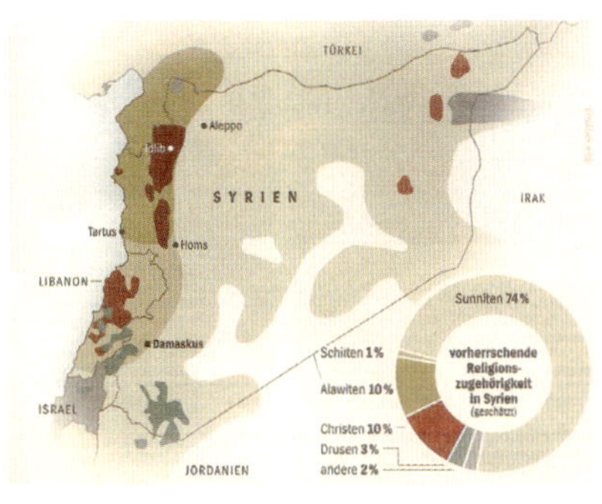

시리아 종교별 분포도 (붉은색은 기독교) (SPIEGEL)

활을 간섭하며 폭력과 약탈을 일삼았다.

이 무장 그룹 중에 가장 악랄한 집단이 외부 과격파이자 미국이 극도로 경계하는 알 누스라(al-Nusrah) 그룹이다. 이들은 빈 라덴의 알 카에다와는 좀 다른 이념을 가지고 있다. 알 카에다는 이슬람 세계가 다 유대, 십자군(기독교를 의미함)의 영향을 받았다고 보기 때문에 이 두 집단의 사상이나 영향력을 배제하고 이슬람법에 의하여 통치하는 것을 목표로 한다. 이것을 실현하기 위해 폭력적인 지하드를 해야 하며 어떠한 비합법적 행동도 불사한다는 것이 철학이다. 그런데 시리아에서 활동하는 외부 세력들은 알 카에다와 같은 철학에는 관심이 없고 다만 비합법적 행동을 하는 것에 역점을 둔다. 외부 세력인 이 테러 그룹의 테러리스트 국적은 아라비아가 제일 많고 다음이 리비아인, 알제리아인 순인데 이들 나라들 역시 정치와 사회 혼란을 겪고 있다. 그리고 교육 수준이 낮은 자들이다. 이들은 자기 나라에 대한 불만을 다른 나라에서 '테러'로 욕구분출을 하고 있다는 것이 타까오까의 견해이다. 이들은 후일 구라파 같은 다른 나라에서도 테러를 할 수 있다고 분석한다.

2013년 3월 13일자 독일 슈피겔지(Der Spiegel)는 기독교인들, 알라위인, 드루즈 무슬림들이 집단으로 사는 지역을 소개하고 이 지역이 현재는 종교간의 화합이 잘 이루어지고 있지만 과격파들이 점령할 경우 일어날 변화로 인해 매우 불안해하는 모습을 보도하였다. 과격파들은 다른 종교를 결코 허용하지 않을 것으로 생각한다. 한 부인은 "이들 과격파들은 이슬람 신정국가를 세우려하며, 사우디와 카타르의 와하비파 지원을 받을 것이라"고 믿고 있다.

걸프협력회의 국가란 (Gulf Cooperation Council)

걸프협력회의는 중 동지역의 안보 위협에 대응하기 위해 1981년 5월 출범된 기구로 이후 회원국 간 정치, 경제, 기술 등 다방면에서의 협력을 도모하는 기구이다. 사우디아라비아, 아랍 에미리트 공화국, 카타르, 쿠웨이트, 오만, 바레인이 회원국이다. 이 기구를 영어로는 페르시아만 아랍국가협력회(The Cooperation Council for the Arab States of the Gulf)라고도 부른다. 그러나 사우디 등 일부 국가는 페르시아만이라고 부르는 것을 거부하고, 아랍만이라고 부른다. 이 기구가 조직된 동기는 1979년 이란의 호메이니 이슬람 혁명, 이란과 이라크 전쟁, 그리고 인접한 이라크가 사회주의적 바트당을 만든 것에 적지 않은 불안을 느꼈기 때문이다. 최근에는 이란의 핵실험으로 인하여 미국과의 긴장이 높아졌다. 그리고 2011년 아랍 스프링의 불똥이 자국에 미치는 것을 공동으로 대처하기 위하여 2012년 3월 걸프협력회의 정상회담 시 사우디 국왕이 현재의 GCC를 걸프연합으로 전환해 회원국 간의 협력관계를 높이자는 안건을 제시했다. 더 강력한 정치공동체를 만들자는 취지이다. 이에 대해 이란의회는 강력하게 규탄하였으며 소국인 바레인에서는 이것을 반대하는 데모가 일어났다.

GCC의 특징

GCC 6개 국가들은 공통된 특징이 있다. 첫째, 사우디를 제외하고는 모두 인구 수십만 명에서 수백만명의 소국들이다. 둘째, 엄청난 석유자원을 가진 나라로 석유복지 국가가 되었다. 일인당 국민소득이 미국 등 선진국 보다 훨씬 높다. 석유수입을 국민들에게 배분하여 많은 국민들이 '일하지 않고' 먹고 산다. 그러나 지식인들은 이렇게 하다가 석유가 바닥나면 나라가 어떻게 될지 우려한다고 한다. 셋째, 노동인력은 아시아의 필리핀, 인도, 파키스탄 등에서 수입한다. 지금은 아프리카 나라에서도 인력을 수입한다. 시내에는 자국민보다 외국인들이 더 많다. 넷째, 대부분 군주제이다. 아랍 에미리트는 공화국이며 의회가 존재한다. 그러나 정치는 정치권력을 가진 부족장들이 행사한다. 사우디 국왕은 대권의 주(大權의 主)이며, 오만은 왕을 술탄(Sultan)이라고도 부른다. 나머지 네 나라는 왕을 아미르(emir)라고 부른다. 아미르란 명령하는 자, 지휘자, 사령관을 의미한다. 부족장들이 돌아가면서 왕이 된다. 잘 사는 나라에 교육수준도 높다, 다섯째, 모두 수니파이며 아랍어가 공용어이고 아랍인이 주인종이다. 일종의 동질집단 국가라고 할 수 있다. 오만은 수니파가 아닌 이바드(Ibad)파이다. 이들 나라들은 모두 민주주의와는 거리가 멀다.

“민주화를 저해하는 요인” (출처 : 일본국제문제연구소)

일본국제문제연구소는 2011년『걸프아랍과 민주주의: 이라크 전쟁 후 조망』『湾岸アラブと民主主義：イラク戦争後の眺望』이라는 제목의 연구 논문집을 출판하였다. 제1장은 아랍협력회의 국가들의 민주화 저해 요소를 발표하였다. 이들 6개국은 이라크 전쟁 때 다 미국으로부터 민주화 압력을 받았고 동시에 국내적으로도 민주화 압력이 있음에도 불구하고 민주주의의 실현이 어렵다고 진단했다. 그 이유들을 소개하면 다음과 같다. 첫째, 산유국이라는 경제구조를 가지고 있다. 국민이 세금을 바치고 병역의 의무를 하면서 정치에 참여하여 권리를 주장해야 하는데 그러한 의무를 하지 않기 때문에 국민들이 정치 참여나 권리에 대한 인식이 없다. 석유복지로 인한 나라 돈으로 먹고 살기 때문에 정치에 무관심하게 된다. 근로도 외국인에 의존한다. 아랍 에미리트나 카타르는 외국인 노동자가 2/3를 차지한다.

둘째, 사회구조가 출생이나 계보를 중시한다. 즉 부족주의나 부족적 전통의 사회구조이다. 따라서 개인주의가 발전하지 못하였다. 즉 민족주의라는 정체성을 창출하지 못한다. 부족주의는 민주화를 저해하는 요소이다.

셋째, 이슬람이 사회 각 분야에 영향을 주어 윤리가 엄격한 나라가 있고 좀 자유로운 나라가 있다. 무조건 이슬람에 민주화를 저해하는 요소가 있다고 생각하는 것은 성급한 판단이다. 아랍협력회의 국가에는 다양한 이슬람 단체가 있고 다양한 이슬람에 대한 이해가 있기 때문이다.

이상 요인 외에 국내의 문제로서 극심한 세대 간 단절과 여성의 참정권 문제, 결사·정당·집회·데모의 자유가 큰 과제이다. 결론으로 아랍 에미리트 대학 유수프 할리파 알유수프 경제학 교수가 제안하는 다음의 사안이 실천되어야 민주주의가 발전한다고 하였다. ① 시민들이 정책 결정에 참여해야 한다. ② 업무의 질을 향상시키고 부패를 척결해야 한다. ③ 재정의 공과 사를 엄격하게 하고 사회자원을 잘 관할하며 법을 제정하는 권력이 현재와 같이 행정부에 있을 것이 아니라 선출된 입법부로 이관되어야 한다. ④ 매스미디어가 현재와 같이 정부를 두둔하는 것만이 아니라 제4의 권력으로 발전해야 한다(상게서 7페이지에서 15페이지).

본 논문집은 이슬람이 결코 민주화의 걸림돌이 된다고는 말하지 않는다. 전형적인 일본식 표현으로 비판이 아주 조심스럽다. 그러나 6개 국가에서 내부적으로는 민주화의 요구가 일어나는 개별적 사건들을 열거한다. 결론으로 이들 6개 국가는 신(神), 조국, 가족을 강조하는 전통적 사고방식(mentality)이 특징이라고 말한다. 여기서 가장 중요한 것은 신이다. 신이란 종교를 의미한다. 결국 종교가 민주화에 역작용 한다는 것을 암시하고 있다(상게서 256페이지).

5. 사우디아라비아 (Saudi Arabia)

사우디아라비아의 공식 명칭은 사우디아라비아 왕국(Kingdom of Saudi Arabia)이며 서아시아에서 가장 면적이 넓은 국가이다. 아라비아 반도 거의 대부분을 차지하고 있으며 요르단, 이라크, 오만, 예멘, 쿠웨이트, 카타르, 바레인, 아랍 에미리트 연방과 국경을 접하고 있다. 서쪽으로는 홍해, 동쪽에는 페르시아만 연안에서 바다를 볼 수 있다. 사우디아라비아 국민이 1600만 명이며, 외국인근로자가 약 900만 명, 불법 체류자가 약 200만 명에 이르리라고 추산한다.

사우디아라비아는 세계 2위의 석유 매장국이며 그 석유의 대부분은 페르시아만 연안에 매장되어 있다. 국가 총수출의 95%, 국고 수입의 70%가 석유이다. 또한 천연가스 매장량도 세계 6위이다. 하지만 산업 다양화를 위해 석유수출의 비중을 줄이면서 동시에 다른 분야의 발전도 추구하고 있다. 석유산업발전 덕택에 국가는 근대화되었으며 복지국가로서의 모습도 띠게 되었다. 다만 사우디아라비아는 전 세계에서 유일하게, 여성에게 운전을 허락하지 않는다. 사우디는 석유와 이슬람(와하비 이슬람)을 수출하는 나라이다.

역사

메카나 메디나와 같은 몇몇 도시를 제외하면 척박한 사막이 대부분이므로 전통적으로는 유목민들의 땅이었다. 마호메트가 나타나 이슬람교를 창시한 지역이기는 하지만 마호메트 사후 이슬람교의 정복이 왕성해지자 권력의 중심지는 주변의 더 좋은 환경의 땅으로 옮겨졌다. 이슬람 세력의 팽창기 및 오스만 튀르크왕국 치하에서도 메카의 샤리프(Sharif, 이슬람교 지도자의 호칭)는 바그다드나 카이로, 혹은 이스탄불에 있는 중앙 정부의 명령을 받는 처지였다. 메카를 제외한 나머지 지역은 거의 각 지역 토착부족들이 자신들의 전통대로 운영했다.

1744년 네지드(Najd) 지방 토착민 무하마드 빈 사우드(Muhammad bin Saud)가 그 지역의 철저한 수니파 이슬람교 지도자이자 와하비주의(Wahhabism) 창시자 이븐 알 와합(Muhammad ibn Abd al-Wahhab)과 협력하여 사우드 왕조를 만들고 알 사우드(Al Saud)란 이름으로 세력을 확장하기 시작했다. 1890년대 사우드 왕가는 그 경쟁 부족 알 라시드(Al Rashid)에게 패해 쿠웨이트로 피신했다. 마침내 1902년 그 후손 이븐 사우드가 와하비파의 군사력을 등에 업고 리야드와 그 주변 네지드 지역을 되찾고 당시 오스만 튀르크 왕국에 반대하는 세력을 모두 규합하여 범(汎)아랍 혁명을 주도하여 오스만 왕국을 축출했다. 하지만 일부 와하비 세력이 요르단 지역까지 확장하려고 시도하자 이는 당시 요르단을 지배하던 영국을 자극할 것이라고 하여 반대했다. 이후 이븐 사우드는 1930년 자신의 반대파와의 내전에서 승리하여 반대파들을 모두 숙청한 후 1932년 사우디아라비아 왕국을 세우고 스스로 왕이 되었다.

사우디아라비아 역시 그 설립 초기에는 척박한 환경으로 인해 경제적 빈곤에 시달렸다. 1938년 페르시아만 연안지역에서 석유가 발견되자 미국 주도의 석유회사 아람코(Aramco)를 세우고 이를 통해 부를 축적하는 동시에 외교협상력도 갖추게 되었다. 그러나 정부의 사치와 낭비로 인해 1950년대에는 재정적자와 대외부채가 심각했다. 또한 1953년 이븐 사우드가 죽자 60년대는 이븐 사우드의 배다른 아들들이 왕위다툼을 벌여 정치도 혼란 일색이었다. 그 과정에서도 사우디아라비아는 아람코에 대한 사우디아라비아의 지분을 확대하여 마침내 1970년대에는 자국석유에 대한 권리를 미국으로부터 거의 되찾을 수 있었다. 1976년 사우디아라비아는 전 세계 1위의 산유국이 되었으며, 1980년에는 아람코의 완전한 운영권을 확보했다.

최근 동향

1980년대 이란-이라크 전 당시 사우디 왕가는 당시 이라크 대통령 사담 후세인(Saddam Hussein)에게 250억 달러를 지원했다. 그러나 1990년대 걸프전 당시에는 이라크의 쿠웨이트 침공을 비난하고 미군의 자국 주둔을 요청했으며 미군의 이라크 공격에 동참했다. 사우디 왕가의 이러한 친(親)서방정책은 이슬람 율법을 중시하는 보수주의자들과 학생들의 분노를 샀고 일부 사우디아라비아인들이 서방국가나 자국 내에서 테러사건을 벌이기도 했다. 오사마 빈 라덴(Osama Bin Laden) 역시 반정부주의자가 되어 1994년 국적을 박탈당했다. 그는 예멘 출생이지만 사업가인 아버지가 사우디로 이민하여 사우디 시민이 되었다. 9.11사태 당시 여객기를 납치한 테러범 19명 중 15명이 사우디아라비아인이다.

이와 같은 이슬람주의 뿐만 아니라 침체된 경제도 국민들의 불만을 자극하고 있다. 높은 세율과 실업률 상승으로 인해 시위가 발생하여 많은 시민들이 사우드 왕가에 항의하고 있다. 그래서 1992년부터 사우드 왕가는 통치자의 책임과 의무를 법으로 만들고 61인으로 구성된 자문회도 개설했다. 그러나 왕가는 절대로 민주주의를 할 의향은 없음을 명백히 선언했다. 민주주의의 기초인 선거제도는 '자문에 기초를 둔 정치'라는 이슬람교의 원칙에 맞지 않는다는 것이다. 그러나 2003년과 2004년에 사우디아라비아의 여러 대도시에서 시위가 연쇄적으로 발생하자 마침내 사우디 왕가는 2005년 지역별로 선거를 치렀다. 그러나 여자는 투표권이 없었다.

2005년 새롭게 왕위에 오른 압둘라 빈 압둘 아지즈(Abdullah Bin Abdul Aziz)는 시위를 잠재우고자 개혁안을 발표했다. 그는 석유산업에

치중하고 있는 국가경제를 다원화할 것이며 국가의 통제를 완화하는 한편 외국의 투자를 유치하고 국영기업을 민영화할 것을 다짐했다. 2009년 2월에는 정부인사개혁안을 발표하여 최초의 여성장관을 임명했고 종교경찰 및 법관, 기타 여러 장관직을 보다 온건파로 대체할 것이라 밝혔다.

그러나 2011년 대홍수로 수십 명이 죽자 소규모 시위가 다시 발생했다. 연이어 사우디아라비아에도 아랍의 봄을 상징하는 시위의 바람이 불기 시작했다. 아랍 국가에서 데모가 일어나자 사우디 왕 압둘라는 미국과 모로코에서 병원에 입원하였다가 귀국한 후 360조 달러의 돈을 풀어 민심 달래기에 나섰다. 사우디는 석유 수입을 통해 '요람에서 무덤'까지라는 가부장 정책을 펴 왔다. 사우디는 2014년까지 4천억 조의 돈으로 사회간접 자본, 교육, 직업을 창출하려고 한다. 하지만 실업률은 이집트나 리비아와 같다. 위성안테나로 정보가 유입되고 해외에서 고등교육 받은 인구는 증가하고 있지만 여전히 자유가 없다.

개혁을 거부하는 정부

그러나 사우디 정부는 정치적 변화나 개혁을 완강히 거부한다. 약간의 완화 정책을 펴서 범죄자들을 사면해 주기도 하고 2015년에는 여성에게도 투표권을 주며 여성을 자문위원으로 선발할 계획이라고 발표하기도 했다. 현재 사우디는 가장 무서운 이슬람적 율법주의 국가로 오락 및 예술 활동이 금지되며 여자들의 경우 혼자 외출할 수 없다. 다른 종교는 저주하고 개혁은 방종주의로 여긴다. 2003년 완화 정책을 펴서 어느 정도의 자유를 주려고 하였으나 왕가 형제들이 사회개방에 동의하지 않았다. 내무부 장관인 왕자 나예르는 개혁자들에게 "칼로 얻은 것 칼로 지킬 것"이라고 말했다. 사우디는 왕의 살림과 국가 살림의 구분이 없다. 석유 수입의 막대한 돈은 전 세계에 이슬람을 확신시키는데 쓴다고 공언한다. 전문가들은 만약 사우디가 석유 수입을 이슬람 전도에 쓰지 않는다면 전 세계 이슬람 운동은 큰 타격을 받을 것이라고 말한다. 또한 비평가들은 사우디아라비아가 아랍 스프링과는 반대방향으로 나가고 있다고 언급한다. 사실 사우디아라비아는 오랜 동안 '안정 지향' 위주로 국내 정치 및 외교 정책을 펼쳐왔다. 사우디 국민들은 이란이나 알 카에다와 같은 반사우디 세력들이 중동 지역에서 영향력을 확대하는 것을 원치 않는다. 과거 사우디 지도자들이 이러한 움직임을 이미 오래

여자들은 혼자 외출할 수 없다.

전부터 경험한 바 있기 때문이다. 1959년과 1960년 발생했던 민족주의 혁명은 이집트의 가말 나세르(Gamal Nasser)에 동조하는 세력들이 주축이 된 것인데 실로 많은 사우디인들이 그로 인해 충격을 받았던 것이다. 오늘날 사우디 왕자들은 현재 중동 지역에 많은 변화를 직감하고 있다. 아랍권의 젊은이들이 부정부패와 독선에 가득 찬 정부를 더 이상 받아들일 수 없다는 현실 앞에서 사우디는 '이슬람 보수주의'를 자처하며 대중적 민주주의를 합법적인 통치 형태로 받아들이지 않고 있는 것이다. 실제로 사우디 왕족은 대중 운동과 시민 불복종 운동에 재빨리 대응하는 동시에 이를 금지시켰다. 이슬람에 근거한 사우디 왕국의 전통적 해석에 의하면 합법적인 정치란 통치자가 이슬람 율법을 현실에 공정히 적용시키는 것을 의미한다.

사우디 왕족의 신하들은 이슬람 율법인 샤리아에 따라 지도자에게 복종하는 것을 국민의 의무로 생각한다. 반대가 있을 경우 당연히 그 지도자에게 개인적으로 정중한 형태로 겸손하게 조언을 해야 한다고 생각한다. 만약 '대중적이고 집단적인 시위의 형태'로 반대의사를 표현할 경우 이는 분열과 시민간의 갈등을 초래할 것이므로 이슬람 율법에 반대된다고 해석한다. 2011년 3월 11일 -소위 '분노의 날'- 대중시위가 예상되자 사우디 정부는 도심 곳곳에 수많은 보안요원들을 배치하여 만일의 사태에 대비했다.

또한 사우디 지도부는 시아파의 음모론을 내세운다. 수니파가 대다수인 사우디아라비아에서는 이것은 매우 효과적인 카드인데, 사우디에서 발생할 수 있는 대부분의 대중시위들을 대부분 수니파에 반대하는 시아파가 기획한 것으로 몰아간다. 리비아, 시리아, 예멘 등지에서 발생한 혼란에 대응할 때도 사우디 왕가의 안전에 최대한 도움이 되는 방향으로 진행되었다.

사우디는 시민 대다수가 시아파이고 소수 지배층만 수니파인 주변국들의 정부를 후원하고 있다. 바레인에서는 소수에 불과한 수니파 집권층에 대항하여 시아파 시민들의 시위가 잦다. 이에 이란이 바레인을 위협할 수도 있다는 이유로 같은 걸프지역 협력위원회의 깃발 아래 사우디 군대가 바레인에 진주하여 시위자들에 대한 강력진압 정책을 취하도록 바레인 정부에 강력히 촉구한 바 있다.

6. 바레인(Bahrain)

바레인의 공식 명칭은 바레인 왕국(Kingdom of Bahrain)이며 페르시아만 서안에 자리 잡은 작은 섬 33개로 이루어진 나라이다. 그 중 가장 큰 바레인 섬은 세로 55km, 가로 18km이다. 그 서쪽에 사우디아라비아가 있고 고속도로가 사우디아라비아와 바레인 섬을 연결하고 있다. 현재 카타르와 바레인을 연결하는 해상도로를 계획 중인데 이 도로가 완공되면 세계에서 가장 긴 해상도로가 될 것이다. 2010년 현재 인구는 약 120만 명인데 그 절반은 바레인 국적이 아니다. 종교는 이슬람 시아파가 75%이고 수니파는 소수다. 그러나 수니파가 정권을 잡고 있다. 현재 UN, WTO, 아랍연맹, 비동맹운동의 회원국이다.

역사

바레인은 고대 딜문(Dilmun 또는 Telmun) 문화로 알려져 있으며 메소포타미아 문명과 청동기 등을 거래한 무역 국가였다는 기록이 있다. 바빌론 및 수메르 신화 길가메시에도 길가메시가 딜문(Dilmun)에 간 적 있다고 언급된 바 있다. 그 후 페르시아 왕국, 파르티아 왕국, 사산조 페르시아 등의 지배하에 있다가 628년 이슬람 국가가 되었다. 1521년에 포르투갈이 점령했으나 1602년 페르시아 사파비 왕조의 아바스 왕이 포르투갈을 몰아내고 바레인의 지배자가 되었다. 1783년 쿠웨이트 출신의 수니파 이슬람 집단인 바니 우트바(Bani Utbah) 부족이 페르시아를 축출하고 알 칼리파(Al Khalifa) 왕조를 세워 19세기 후반까지 바레인을 통치했다. 1800년대 후반 영국과의 조약을 맺어 영국의 보호령이 되었으나 1960년대 영국이 중동에서 철수하기 시작하자 1971년 바레인은 독립을 선포하였고 2002년 왕국으로 전환하여 다시 알 칼리파 왕조가 통치하고 있다.

1932년 유전이 발견되어 산유국이 되었으나 최근 석유고갈을 우려하여 경제를 다양화하자는 계획 하에 금융업과 관광산업을 개발 중이다. 최근 그 수도 마나마(Manama)에는 무역센터와 금융센터가 설립되었고, 고대 딜문 유적지는 2012년 UNESCO가 선정한 세계문화유산이 되었다. 바레인의 F1 그랑프리 자동차 경주도 세계적으로 유명하다. 바레인의 인간개발지수(HDI: 실질국민소득, 교육수준, 문맹률, 평균수명 등을 기준으로 유엔개발계획-UNDP-가 발표하는 각국의 인간 발전 정도와 선진화 정도를 평가한 지수)는 상당히 높은 편으로서 세계 42위이며 세계은행은 바레인을 고소득 국가로 분류하고 있다.

최근 동향

현재 중동 지역에 일고 있는 아랍의 봄의 여파로 바레인 역시 2011년 이후 시위가 많이 발생하고 있다. 지도부는 수니파이지만 국민 대다수가 시아파이므로 시위의 처음 목적은 시아파의 정치적 자유와 평등권 확보였던 것으로 보인다. 그러나 2011년 2월 17일 마나마의 시위에서 진압군이 시위대를 과잉진압하자 이후 시위대는 도심에서 야영까지 하며 하마드 빈 칼리파 알타니 (Hamad bin Khalifa Al Thani) 국왕의 퇴위를 요구하기 시작했다. 2년 전 데모 때 19살의 한 대학생은 거리에 쓰러지면서도 "어떤 방법으로든지 자유는 와야 한다"고 절규하였다. 다른 청년은 "이집트가 했다면 우리도 할 수 있다"고 하였다.

시위가 일어나자 바레인 정부는 수니파 국가인 사우디에 군대 파견을 요청하였다. 3월14일 사우디는 1천명의 군대를 파견하였고 아랍 에미리트도 군대를 파견하였다. 바레인에서 시아파가 득세할 경우 사우디의 시아파가 들고 일어날까 불안했기 때문이다. 사우디의 이러한 군대 파견에 이번에는 시아파 국가인 이란과 이라크가 들고 일어났다.

2011년 3월 데모가 나자 하마드 국왕은 계엄을 선포하고 3개월간 긴급사태를 선언했다. 6월1일 비상사태가 해제되자 시아파 야당 알 웨파크(Al Wefaq)를 비롯한 수만 명의 시위대가 다시 시위를 시작했고 지금까지 계속되고 있다. 2012년 4월까지 80명 이상이 시위로 인해 목숨을 잃었다. 바레인 경찰은 시아파 거주 지역 인근가정을 야간에 수색했고 검문 중 구타했으며 시위 부상자들에 대한 응급치료도 거부했다. 경찰은 시위대 2,900명 이상을 체포했고, 그 중 최소한 5명은 고문으로 숨졌다고 한다.

시위에 대한 과잉진압이 국제사회에서 인권 관련 문제가 되자 2012년 6월 하마드 국왕은 국제단체들에게 이 사건의 조사를 의뢰했고, 11월23일 조사보고서가 발표되었다. 이 보고서는 체포된 시위대에게 바레인 정부가 의도적으로 고문과 비합리적인 육체적 정신적 학대를 자행했으며 인권을 무시했음을 인정했다. 또한 시아파가 시위를 선동했다는 바레인 정부의 주장을 부인했다.

그러나 계속되는 바레인의 시위에도 불구하고 사우디아라비아를 비롯한 페르시아만 연안 국가들은 바레인 국왕을 지지하고 있으며, 미 해군 5함대가 이란을 견제하기 위해 바레인에 체류 중이다. 현재 서방국가들은 바레인 국왕과 정부를 다소 친서방적이라 평가하여 옹호하는 반면, 이란 등 시아파 국가 및 중동의 시아파 이슬람 교도들은 시위대에 동의하는 편이다.

수니파 정부는 반대자들이 주장하는 부패한 인사들을 부분적으로 교체하면서 정권을 연명하려고 안간힘을 쓰고 있다. 대학에서도 수니파 학생은 장학금에 직장이 보장되지만 시아파 학생은 등록금을 내야하고 직업의 기회도 주어지지 않는다. 바레인 정부는 시아파를 달래기 위해 2만 개의 일자리를 만들겠다고 약속하였다.

7. 아랍 에미리트 (United Arab Emirates)

아랍 에미리트 연방(UAE)은 아라비아 반도 동남부에 자리 잡은 반도국이다. 오만, 사우디아라비아, 카타르 및 이란과 접해있다. 각자 수장(Emir)이 지배하는 7개 주(州)로 구성된 연방국이며 그 회원주의 수장들 중에서 대통령을 선출하여 그가 연방을 대표한다. 그 수도 아부다비(Abu Dhabi)는 정치, 산업, 문화의 중심지이다. 이슬람교가 국교이며 아랍어를 사용한다. 2005년 인구는 4백만 명을 겨우 넘겼으나 그 이후 급성장하여 2010년 현재 인구는 8백 2십만 명에 육박하고 있으며 전체 인구 중 42%가 인도, 파키스탄, 방글라데시 출신, 12%는 중국 및 동남아시아 출신, 기타 외국인이 약 8%에 이른다. 재미있게도 아랍 에미리트 연방의 석유 매장량도 세계 7위, 천연가스 매장량도 세계 7위, 1인당 국민소득도 세계 7위이다.

역사

아랍 에미리트 연방 지역에는 기원전 5500년경부터 사람이 살았고 그들은 당시 메소포타미아 문명과 교류가 있었던 것으로 보인다. 기원전 2000년경부터 낙타를 기르기 시작하여 그때부터 본격적으로 행상에 의존해서 생활했다. 그리하여 그들은 서기 1세기경에는 로마제국이 주로 사용하던 홍해 주변 도로와는 다른 자신만의 통로를 개척하여 시리아 및 남부 이라크 지역까지 거래를 확장함은 물론 인도지역까지 해상무역을 시작했다. 수천 년 동안 그들의 주상품은 진주였으며, 그들의 뛰어난 항해능력으로 인해 항구도시 디바(Dibba)에서는 중국 등 여러 나라 상인들의 왕래가 있었다고 한다.

서기 630년 마호메트의 사신을 맞이한 후 이슬람교로의 개종이 시작되었고, 디바 지역에서 발발한 리다(Ridda) 전투에서 이슬람 교도의 군대가 비(非)이슬람 교도에게 승리한 후 아라비아 반도 전역이 이슬람지역이 되었다. 그 후 사산조 페르시아가 침입, 율파르(Julfar, 오늘날의 라스 알 카이마(Ra's al-Khaimah)에 기지를 세운 후 율파르는 오랫동안 인도양 지역의 진주 수출항으로서 번영을 누렸다.

지리상 발견의 시대, 바스코 다 가마(Vasco da Gama)는 향료 무역로를 찾고자 이 지역을 접촉한 후 16세기부터 포르투갈이 페르시아의 사파비 왕조를 몰아내고 거의 150년 동안 아라비아 반도를 지배하였다. 그러나 그 후 이 지역에 해적이 들끓자 안전한 인도 무역통로를 확보하고자 영국이 해적을 소탕하기 시작하면서 점차 아라비아 반도에 대한 영국의 영향력이 커졌다. 1892년 영국은 라스 알 카이마 지역과 해적 소탕 및 이 지역보호를 약속하는 대신 영토를 독점적으로 점유한다는 조약을 맺었고, 이와 유사한 조약을 페르시아만 다른 지역에도 적용하여 아라비아 반도에 대한 영향력을 확대해 나갔다.

19세기에는 영국과 여러 아랍 부족들과의 협정으로 협정 국가(Trucial States) 또는 오만 협정국(Trucial Oman)으로 알려졌다. 18세기에서 20세기 초에 이르기까지 보석이 풍부하여 '해적 해안'이라고 불렸다. 이 지역은 진주의 보고로 알려졌다.

제1차 세계대전 직후 해양오염, 1920년대와 30년대의 대공황, 그리고 일본의 진주 양식업 발전으로 인해 그 당시까지 아랍 에미리트의 특산품인 진주 수출은 큰 타격을 받았다. 설상가상으로 제2차 세계대전 종료 후 인도가 수입 진주에 높은 수입세를 부과하자 아랍 에미리트의 경제는 심히 위축되었다. 그러나 1950년대 석유가 발견되고 1962년부터 아부다비가 석유수출항으로 자리 잡으면서 아부다비 지역에 새로운 건설이 시작되었고 시민들의 생활수준도 매우 빠르게 향상되었다. 석유산업의 발전으로 인하여 아랍 에미리트 지역 수장들의 협력이 강해지고 그들은 마침내 각 수장국들을 통일하기로 합의했다. 다만 바레인과 카타르는 이에 동의하지 않고 독립하여 자신들만의 국가를 세웠다. 그 후 이 지역 미국계 석유회사들에 대한 영국의 지분 및 영향력은 점차 감소했다. 마침내 1968년 영국은 영국군이 이 지역 방위를 감당할 수 없음을 이유로 방위조약 해지를 통보하였고, 1971년 12월 완전히 종료시켰다. 이에 1971년 초 아랍 에미리트 수장국들은 헌법초안을 마련하고 그 해 아랍연맹에 가입했다. 1972년 연방평의회(Federal National Council)를 마련하고 7명의 수장들은 40명의 의원을 임명했다. 아부다비의 지도자이자 아랍 에미리트 연방 건국 후 대통령을 지낸 지도자 고(故) 시크 자이드(Sheikh Zayed)는 석유 판매 수익을 아랍 에미리트 연방 주들의 균등한 발전과 국민의 건강, 교육, 사회간접자본에 투자했다고 평가되고 있다.

최근 상황

유전 영유권 문제로 1955년부터 문제가 된 부라이미(Buraimi) 오아시스 등 아부다비 인근 일부 지역에 대한 사우디아라비아와의 영토분쟁이 아직 해결되지 않은 상태이다. 오만과도 영토갈등이 있었으나 1999년 양국은 국경조약을 맺어 국경선을 확정했다. 1991년 1차 이라크 전 당시 아랍 에미리트 연방은 연합국으로 참전했으며, 연합군에게 공군기지를 제공했다. 그 후 2001년 대(對)탈레반 아프가니스탄 내전 및 2003년 2차 이라크 전에도 연합국으로 참가했다. 1994년 미국과, 1995년에는 프랑스와 방위조약을 체결하고 2008년에는 아부다비에 프랑스 공군기지를 영구임대해 주기로 합의했다. 2011년에는 리비아 전에도 연합군으로 참전했다.

아랍 에미리트 연방은 아랍의 봄 영향을 가장 적게 받은 것으로 평가되고 있다. 그럼에도 불구하고 2006년 처음으로 선거를 실시하여 연방평의회 의원 절반을 뽑았다. 그러나 그 선거는 보통선거가 아니라 제한선거로서 국민 모두가 그 투표권을 가지지는 않았다. 아랍의 봄 영향을 예방하고자 연방 정부는 개혁을 요구하는 인터넷 기사를 유포한 자 5명을 2011년 4월에 투옥했다가 11월에 사면, 석방했다. 2012년 3월 이후 60명의 이슬람 단체 소속 시민활동가가 기소도 되지 않은 상태에서 수감 중이다. 라스 알 카이마 주(州) 수장 가문의 어떤 사람은 보다 개방적인 정치를 요구하다가 가택연금 처분을 받았다. 2012년 11월 인접국 바레인의 민

천주 교회당 밤 미사에 참석한 외국인들

주화 시위가 자국에 확산되는 것을 우려한 에미리트 연방 정부는 인터넷이나 매스컴을 통해 정부를 비방하거나 시위를 유도하는 행위를 금지하는 법률을 발표했다.

아랍 에미리트는 엄격한 이슬람 국가이면서도 개방된 나라, 종교관용이 어느 정도 허용된 나라(외국인들에게), 석유자원이 풍부한 나라, 경제가 급성장하는 나라, 석유복지 국가로 정의할 수 있다. 앞서 언급한 것처럼 비판의 자유가 100% 보장되지 않는다. 특히 무슬림형제단의 활동을 예의주시한다. 많은 수의 외국인 노동자들에게는 종교의 활동을 허용하여 두바이의 한 로마 가톨릭 교회 일요일 저녁 미사에는 수천 명의 외국인들이 참석할 정도이다.

최근에 개발된 인공섬은 세계적으로 각광을 받고 있으며, 삼성건설이 세운 빌딩은 세계 최고를 자랑한다. 인구 약500만의 소국가이고, 인구의 75%가 외국인이다. 길거리를 메우는 외국인 노동자들은 전체 취업 인구의 90% 가까이 된다.

수년전 건설된 지하철은 최신식 시설을 갖추었다. 이집트에도 지하철이 있으나 이미 오래되었다. 아랍 국가에 유일한 지하철인지 모르겠다.

그러나 정치는 수장들의 권위주의적 정치형태를 보이지만 석유복지 국가로 국민들이 그야말로 힘써 일하지 않아도 될 정도이다. 험한 일은 다 외국인들이 한다. 외국인들의 임금이 한국에 비하여는 너무 싸다. 월평균 300불에서 400불이다. 그래서 외국인들은 월세 40-50불짜리 싼 주택가에 집중하여 산다.

8. 예멘(Yemen)

예멘은 성경에 나오는 시바 여왕의 나라이다. 사우디 남쪽에 인접한 관계로 1932년 사우디의 침공을 받기도 하였다. 예멘은 정착민 국가라 그들의 문화가 있으며 1990년도에 공산국가였든 남예멘 정부가 붕괴하면서 북예멘과 합하였지만 남부 예멘은 계속 독립을 요구하며 데모와 테러를 한다. 특히 남예멘은 빈 라덴의 고향인 동시에 테러의 본거지가 되고 있다. 남부 예멘의 불만은 예멘 정부가 미국과 이스라엘과 가까운데다 남부 예멘 사람들을 차별한다는 것이다. 2011년 성탄 절 때 미 항공기를 폭파하도록 뒤에서 조종한 자도 예멘 출신 과격 이맘으로 예멘에 은거하고 있다. 예멘은 미국이 골치 아파하는 나라 중 하나이다. 남부는 아직도 정부군이 통제하지 못한다. 데모 이후 물러난 알리 압둘라 살레 (Ali Abdullah Saleh) 대통령은 32년간 철권통치를 하면서도 미국, 이스라엘과 친하였다. 미국은 살레 대통령이 알 카에다 테러분자들을 진압하는 일에 협조하기 때문에 원조를 하였다. 시아파가 다수인데도 수니파가 권력을 장악, 시아파들로부터 계속 저항을 받고 있다. 권력을 물려받은 새 정부도 데모는 강경 진압한다. 다른 아랍 국가들도 대동소이하다. 요르단, 모로코, 오만은 석유수입이 없다. 데모가 일어나면 왕의 권리를 국회로 좀 넘기는 식으로 양보하여 위기를 넘긴다.

예멘은 사우디와 인접하여 사우디에 다소 가려지는 경향이 있지만 사실 사우디를 무시한다. 사우디는 사막의 나라라 문명이 없지만 예멘은 역사와 전통이 있다고 자부심이 강하다.

예멘 남자들은 신사들도 '잠비아'라는 칼을 찬다.

9. 카타르 (Qatar)

카타르(Qatar)는 아랍인들로 구성된 국가이며 아라비아 반도 동북부의 카타르 반도에 위치해 있다. 해변국가이며 국경을 접하고 있는 나라는 사우디아라비아뿐이다. 해변 건너편에는 섬나라 바레인이 인접해 있고, 바레인과 카타르를 연결하는 세계에서 가장 긴 해상도로를 건설할 예정이다.

역사

카타르에는 약 5만 년 전 신석기시대 때부터 사람이 살고 있었던 것으로 보인다. 중세까지는 이슬람교의 영향권에 있다가 잠시 포르투갈의 지배를 받았다. 그러나 16세기에 오스만 튀르크 왕국이 포르투갈을 축출하고 카타르를 통치했다. 18세기 말 오스만 튀르크가 잠시 약화된 틈을 타 바레인이 카타르를 침략해서 병합했으나 19세기 말 영국의 도움을 받아 바레인을 몰아냈다.

19세기 중반부터 수장(emirate) 알 타니(Al Thani)가문이 카타르를 지배했다. 불모지라는 척박한 환경으로 인해 전통적으로는 페르시아만 연안국 중에서는 매우 가난한 편에 속하는 나라였고 진주가 유일한 자랑거리였다. 1971년까지는 영국의 보호령이었다가 독립하였다. 그 후 석유와 엄청난 양의 천연가스가 발견되어 하루아침에 부자나라가 되었다. 1995년 세이크 하마드 알 타니(Sheikh Hamad bin Khalifa Al Thani)가 평화적인 쿠데타로 그 부친을 퇴위시킨 후 자신은 최고 지도자인 수장(Emir)이 되고 알 타니 가문의 친인척이나 그 심복들을 국가요직에 임명하였다. 1992년부터 카타르는 미국과 긴밀한 군사협력관계를 맺었다. 현재 미군의 전방기지본부 및 종합항공관제센터가 카타르에 있다.

최근 상황

카타르에는 많은 양의 석유와 천연가스가 매장되어 있다. 포브스(Forbes)지도 카타르를 세계에서 가장 부유한 국가 중 하나로 분류하고 있다. 2010년 카타르의 1인당 국내총생산(GDP)는 세계 1위이며, 경제성장률도 19%로서 세계 1위를 차지했다. 그 주된 원인은 액화천연가스 및 석유, 석유화학제품, 기타 관련제품 수출이 급격히 증가했기 때문이다. 인간개발지수(HDI) 역시 아랍 국가들 중에서는 아랍 에미리트 연방에 이어 2위를 달리고 있다. 2009년 카타르는 미국이 세계에서 5번째로 수출을 많이 한 국가이다. (미국으로부터의 수입 1위는 아랍 에미리트 연방, 2위 이스라엘, 3위 사우디아라비아, 4위는 이집트이다).

카타르의 인구는 25만 명 정도로 적은 편이며 외국인 근로자의 수가 토착 카타르인의 수보다 더 많다고 한다. 외국인 중 20%정도는 아랍계이며, 인도 및 파키스탄 계열이 50%로서 그 비중이 매우 높고, 동남아 지역 특히 필리핀에서 온 사람들이 전체 외국인의 10%, 기타 지역이 5%를 차지하고 있다. 카타르는 외국으로부터 미화 1000억 달러의 투자를 유치했는데 그 중 미국이 에너지 및 자원 분야에 투자한 금액이 600억 내지 700억 달러에 달한다. 카타르는 향후 10년 동안 에너지 분야에 약 1200억 달러를 투자할 예정이라 한다.

10. 쿠웨이트(Kuwait)

쿠웨이트는 아라비아 반도 동북쪽에 있는 아랍 민족의 국가이며, 남쪽으로 사우디아라비아, 북쪽으로 이라크와 접하고 있다. '쿠웨이트'란 단어는 아랍어로 '해변의 성채'라는 뜻이다. 면적은 약 1만 8천 평방킬로미터이며 인구는 약 280만 명이다. 쿠웨이트의 석유매장량은 세계 5위로서, 석유 수출이 무역 수지의 95%와 국가 세입의 80%를 차지하고 있다. 쿠웨이트의 1인당 국민수입은 세계 11위이며, 2007년 기준으로 아랍 국가 중에서는 인간개발지수(HDI)가 가장 높은 것으로 평가되고 있다. 세계은행(World Bank)은 쿠웨이트를 고소득 국가로 분류하고 있으며, 쿠웨이트는 비NATO회원국으로서 미국의 동맹국이다.

역사

역사적으로 쿠웨이트는 원래 카라케네(Characene) 왕국이 있던 지역으로서 카라케네는 파르티아 왕국에서 메소포타미아와 인도를 오가는 무역 상인들의 항구였다. 아랍인 중에서는 바니 우트바(Bani Utbah)족이 최초로 이곳에 정착하여 근대 이슬람 왕국의 기초를 마련했다. 제1차 세계대전 직후 영국의 보호 하에 독립된 왕국(엄밀히 말하면 수장-emir-이 지배하는 국가)으로서 성장하던 중 1930년대 후반 엄청난 양의 석유가 발견되었다.

최근 상황

1961년 쿠웨이트는 영국으로부터 완전히 독립했고, 석유산업으로 인해 경제가 크게 발전했다. 1989년 이란-이라크 종전 후, 이라크는 쿠웨이트에서 빌린 채무 650억 달러(US$)를 면제해 줄 것을 요구했으나 거절당했다. 그 후 쿠웨이트가 석유생산량을 40% 늘리자, 이라크도 함께 석유수출을 늘리면서 양국 간의 우호가 심히 악화되었다. 마침내 1990년 이라크는 쿠웨이트가 경사진 석유시추관을 이용해서 국경지역 이라크의 석유를 도굴하고 있다며 세계 석유수출국기구(OPEC)에 항의했다. 당시 이라크 대통령 사담 후세인은 군사적 보복을 다짐했고 그 직후 쿠웨이트는 이라크의 공격을 받고 이라크에 합병되었다. 그러나 7개월 후 이라크는 미군의 공격을 받고 쿠웨이트에서 물러났다. 이라크군은 퇴각하면서 쿠웨이트 소재 773개 유전을 파괴하여 쿠웨이트에 엄청난 경제적 손실은 물론 환경 피해를 초래했다. 1991년 국가수장(emir)이 복귀하고 3개월간 계엄을 선포하여 쿠웨이트는 질서를 되찾았으며 군사적 협력에 대한 대가로 연합군에게 미화 약 170억 달러를 지불했다. 이라크가 파괴한 유전과 환경을 전쟁 전으로 복구하기 위해 2년간 노력했으며 이를 위해 미국에 미화 500억불을 지급했다. 1994년 국제연합은 쿠웨이트와 이라크 국경을 다시 설정하였다. 2003년에는 미군이 이라크의 바트(Baath)당 지도자 사담 후세인을 제거할 목적으로 다시 쿠웨이트에 주둔하였다. 2006년 선거에서 여성이 최초로 투표권을 행사했다.

쿠웨이트는 입헌군주제로서 의원내각제를 취하고 있다. 현재 쿠웨이트의 내정은 국가의 수장(Emir)과 의원들 간의 갈등이 심각한 상태다. 의원들 대부분은 이슬람주의자들이다.

11. 오만(Oman)

오만은 아라비아 반도 동남쪽에 있는 해변국가로서 그 국가지도자는 술탄(Sultan)이라 하며, 그 공식 명칭도 술탄령 오만(Sultanate of Oman)이다. 페르시아만 입구호르무즈 해협에 접해 있기 때문에 전략적 요충지이다. 서북쪽에 아랍 에미리트 연방, 서쪽으로 사우디아라비아, 서남쪽에 예멘이 있다.

역사 및 최근상황

8,000년 전 석기시대 유적이 있는 것으로 보건대 오만에 사람이 살기 시작한 역사는 매우 깊은 것으로 보인다. 청동기시대에도 수메르 인들이 생활한 흔적이 있지만 현대 오만인 대부분은 아라비아 반도 각지, 특히 예멘에서 온 사람들의 후손이다. 7세기부터 12세기까지는 이슬람교 칼리프 및 셀주크 족이 이 지역을 지배했고, 15세기 경 포르투갈이 이 지역을 점령했다. 16세기에 토착민들이 포르투갈 세력을 몰아냈으나 곧 예멘인들이 용병을 고용하여 이 지역의 통치권을 확립하여 17세기부터 오만지역에 자신들만의 왕국을 세웠다. 오늘날 오만의 술탄도 이 예멘인의 후손이다. 이 왕국은 페르시아만 및 인도양에 대한 영향력을 확보하기 위해 영국 및 포르투갈과 경쟁하였다. 19세기 오만의 영향력은 이란 지역 및 파키스탄 지역까지 확장되었다. 그러나 20세기에 접어든 후 그 세력이 약화되어 술탄이 영국의 영향을 받게 되었다. 그럼에도 불구하고 오만은 영국의 보호령이 되지 않고 주권을 유지했다. 그 후 오만은 독자적 외교를 추구하면서도 미국 및 영국과 밀접한 관계를 유지하고 있다.

오만은 절대왕정으로서 그 최고지도자 술탄이 모든 정치적 권한을 행사한다. 다만 국회가 입법과 권력통제 역할을 담당하고 있다. 2010년 국제연합 개발계획기구(UNDP)는 오만을 최근 40년 동안 전 세계에서 가장 빠른 속도로 발전한 나라로 평가했다. 국제적 각종 통계를 종합해보면 오만은 아랍 세계에서는 상당히 발전되고 안정된 나라이다. 다른 페르시아만 국가들과 마찬가지로 오만 역시 국민 총생산의 대부분이 석유산업이다. 다만 그 생산량은 다른 페르시아만 국가들에 비해 월등히 높은 편은 아니다. 석유산업 외에 어업 및 농업 생산량도 높은 편이다. 현재 산업 다양화를 위해 관광산업도 진흥시키고 있지만 오만 민족주의 정책의 일환으로 외국인 근로자를 자국민으로 대체하려는 시도도 함께 진행되는 추세다.

12. 요르단(Jordan)

요르단의 공식명칭은 요르단 하심 왕국(the Hashemite Kingdom of Jordan)이며, 요단강 동쪽에 자리 잡고 있는 아랍 민족의 왕국이다. 동남쪽으로는 사우디아라비아, 동북쪽으로 이라크, 북쪽으로 시리아, 서쪽으로는 이스라엘과 국경을 접하고 있다. 요르단의 법률은 나폴레옹 민법전과 이슬람교 율법인 샤리아가 융합된 형태를 띠고 있다. 그 헌법은 1952년 1월에 제정되어 이후 여러 차례 수정을 거쳤다. 법원은 고등법원과 지방법원, 특별법원(최고법원, 행정법원 등)이 있고, 지방법원에는 민사법원과 종교법원이 있다. 민사법원은 민사, 재산, 행정, 형사 등 제반 분야를 담당하며 종교법원은 이슬람 교도로서의 지위나 처신에 관한 재판을 담당한다. 요르단의 법적 안정성은 전 세계 24위, 중동 지역 4위이며 경찰의 신뢰도는 매우 높은 편이다. 조직적 범죄 예방에 있어서도 전 세계 13위, 중동 지역 3위로서 매우 안전한 국가에 속한다. 한편 요르단은 아랍연맹(the Arab League)과 이슬람 회의 기구(Organization of Islamic Cooperation, OIC)의 창립회원국이다.

역사 및 최근 상황

고대에는 에돔족, 모압족, 암만족의 왕국이었다가 그 후 전략적 요충지로서 페르시아와 마케도니아 왕국의 지배하에 있었다. 기원전 2세기경부터 서기 1세기까지 나바테아 왕국이 세운 페트라(Petra) 지역의 건축물들은 현재 유네스코선정 세계문화유산으로 등록되었다. 중세에는 이슬람교 칼리프들의 통치를 받다가 제1차 세계대전 때까지 오스만 튀르크 왕국의 지배하에 있었다. 제1차 세계대전 중 아랍 반란으로 오스만 튀르크 왕국에 대한 반기를 든 하셈족이 영국군 중령 로렌스 등의 활약으로 영국과 협력하여 오스만 튀르크로부터 독립을 확보했다. 제1차 세계대전 이후 영국과 프랑스의 중동 분할로 요르단 왕국의 기틀이 마련되었고, 1946년

모든 관공서와 사무실에 걸려있는 전국왕, 현국왕, 대를 이을 국왕 사진

자치권과 주권을 얻어 하셈족 트렌스 요르단 왕국으로서 출발했다.

1948년, 1949년 이스라엘과의 전쟁에서 요단강 서안지역 시스요르단(Cisjordan)을 차지한 후 압둘라 1세(Abdullah I)가 요르단 및 팔레스타인 왕으로 즉위했다. 즉위 후 1949년 4월 압둘라 왕은 국가의 명칭을 '요르단 하심 왕국(the Hashemite Kingdom of Jordan)'으로 바꿨다. 압둘라 1세, 후세인 왕을 이어 현재 압둘라 2세가 국왕이다. 하셈족 왕족은 마호메트의 직계라고 자부한다. 이 나라의 관공서와 학교 사무실에는 전(前) 국왕, 현(現) 국왕, 앞으로 대를 이을 왕의 삼부자 사진이 나란히 걸려있다.

워싱턴 D.C. 소재의 싱크탱크 헤리티지 재단에 따르면, 현재 요르단은 시장 자유도가 서아시아 및 북아프리카 지역에서 세 번째, 전 세계 32위인 자유로운 경제지역으로서 신흥시장으로 분류된다. 그 시장 자유도에서는 한국보다 앞서며, 전 세계적으로는 중상위권 경제로 평가받고 있다. 2010년 12월부터 유럽연합과의 관계가 진전되었으며 유럽-지중해 자유무역지구의 회원이다.

독립 이후 요르단은 계속 친미, 친-서구 정책을 유지했으나, 제1차 걸프전 당시 요르단이 중립정책을 취한 이후 서구와의 관계가 많이 악화되었다. 그러나 이라크 전 종전 후 다시 그 관계가 정상화되었고, 요르단은 이스라엘과 외교관계를 맺고 있는 두 개의 아랍국가(이집트, 요르단) 중 하나이다. 최근 팔레스타인 피난민 문제로 이스라엘과 다소 긴장관계에 있는 듯하다.

아랍 스프링의 영향으로 물가고, 부정부패 문제로 계속 소규모의 데모가 일어나자 국왕은 수상을 의회에서 임명하도록 양보하였다. 2013년 2월 24일 자로 다수당인 민족연합당은 압둘라 엔술(Abdullah Ensouur)을 수상으로 선출하였다. 그는 의회중심의 통치를 하는 개혁운동을 해야 하는 과제를 안고 있다. 그러나 의회제도 있으나 왕정의 입김이 강한 이슬람 정치 분위기에서 어느 정도 개혁이 가능할지 국민들은 크게 신뢰하지 않는다.

13. 레바논(Lebanon)

레바논은 중동의 파리로 불릴 만큼 서구화 된 나라이며 여러 종교가 잘 공존해 온 다원화가 발전한 나라였다. 그러나 시리아의 불똥이 레바논으로 옮겨가고 있다. 시리아 아사드 정권의 지지자와 반대파가 레바논에서 싸움을 벌인다. 종교의 평화적 공존이 깨어지고 있다.   레바논은 성경의 배경이 되는 나라이다. 문명이 존재했다는 증거는 7000년 전 선사 시대까지 거슬러 올라간다. 성경은 물론 길가메시에서도 레바논을 언급하고 있을 정도다. 레바논이란 이름은 셈족 언어의 '희다'라는 형용사에서 유래한 것으로 보이는데, 이는 아마도 레바논 산 정상을 지칭한 것으로 보인다. 레바논은 고대 기원전 1500년대 중반부터 기원전 500년까지 천년 이상 번성했던 해상민족 페니키아인들의 고향이다. 기원전 64년 로마제국의 지배하에 들어가면서 초기 기독교의 중심지가 되었다. 레바논 산악지대에는 마론(Maronite)파라고 하는 매우 금욕적인 기독교회가 설립되었다. 나중에 아랍계 이슬람 교도들이 이 지역을 정복한 후에도 마론파 기독교인들은 자신들의 믿음을 굳게 관철했다. 그러나 그 이후 레바논 산에는 마론파 뿐만 아니라 드루즈(Druze)파도 새로 조직되어 수백 년간 유지되었다. 십자군 전쟁 당시 마론파는 로마 가톨릭의 십자군 원정대와 협력하였고 그 전통은 근대까지 이 지역에 유지되었다.

중세가 끝날 무렵 오스만 튀르크 왕국이 강성해져 이 지역을 수백 년간 점령했다. 제1차 세계대전 종전 후 오스만 튀르크 왕국이 해체되자 레바논은 프랑스의 신탁통치를 받게 되었다. 프랑스는 마론파의 기독교인들 및 드루즈파의 이슬람 교도들이 대부분인 레바논 산 이외의 지역까지 그 국경을 확장하여 레바논에 포함시켰다. 1943년 레바논은 프랑스로부터 독립한 후 신앙고백주의(confessionalism)라는 매우 독특한 정치제도를 취했다. 신앙고백주의란 같은 종교인들끼리 모이되 서로 다른 종교단체들 간에는 권력을 공유하는 형태이다. 레바논의 초대 대통령 엘 쿠리(Bechara El Khoury)와 초대 수상 엘 솔(Riad El-Solh)이 현대 레바논 공화국의 틀을 확립한 것으로 본다. 레바논 주둔 프랑스군은 1946년 철수했다.

최근 상황

1948년 이스라엘 점령지역으로부터 탈출한 10만 명 정도의 팔레스타인인들이 레바논에 정착한 이래 지금까지 약 40만 명가량의 많은 팔레스타인인들이 레바논에 거주하고 있다. 1958년에는 일부 이슬람 교도들이 레바논을 범(汎)이슬람공화국의 회원국으로 만들자는 목표로 폭동을 일으켜 큰 혼란을 야기한 바 있다. 당시 미군이 투입되어 다시 안정을 되찾았다.

그러나 1975년부터 1990년까지 발생한 레바논 내전으로 레바논의 유명했던 관광산업과 농업, 금융업이 심각한 타격을 입었다. 레바논 내전은 레바논의 기독교인 집단, 팔레스타인 해방기구(PLO), 드루즈교인 좌파세력, 이슬람 민병대들 간의 갈등이 그 화근이 되었다. 이에 1976년 아랍연맹은 질서회복을 목적으로 시리아군을 파견했다. 그러나 1982년 레바논에 PLO가 있다는 이유로 이스라엘군이 레바논을 공격하여 베이루트를 점령하자, 미국, 영국(조건부 참전), 프랑스, 이탈리아가 중재와 PLO 철수를 감독하기 위해 군대를 파견했다. 1983년 참혹한 폭격이 있었고 1984년 다국적군은 레바논에서 철수했다. 1988년에 아랍연맹 주도하에 평화협상이 진행되었고 오랜 논쟁과 반목 끝에 1989년 마침내 평화조약이 체결되었다. 16년간의 내전으로 15만 명이 사망하고 20만 명이 부상을 입었으며, 레바논 인구의 5분의 1인 90만 명이 자기 집을 잃었다. 2000년 이스라엘군이 철수했으며, 2005년 시리아군의 체류를 거부하는 체다(Cedar) 혁명이 발발하여 시리아군 역시 철수했다.

그 전성기에 레바논은 동양의 스위스라고 불릴 정도로 금융의 중심지였다. 또한 관광지로도 유명하여 그 수도 베이루트 역시 '중동의 파리'라고 불렸다. 내전 이후 레바논은 과거의 경제와 사회문화를 다시 부흥시키려 노력 중이다. 다만 이스라엘로부터 요단강 서안을 점령당한 팔레스타인인들이 레바논으로 거처를 옮긴 후 이스라엘에 대한 무장 항전을 계속하겠다고 밝혀 불안이 전혀 없지는 않다. 2006년에도 헤즈볼라가 이스라엘에 대한 투쟁을 선언하며 이스라엘을 폭격하자 이스라엘도 이에 응수하여 1100명의 레바논인, 160명의 이스라엘인이 사망했다. 현재 국민통합을 위한 정부를 추진 중이지만, 헤즈볼라 출신들이 지도층이 되어 과거 레바논의 지도자들을 이스라엘이 암살했다고 주장하자 다시 긴장이 커지고 있다. 또한 2012년 시리아 내전이 발생하여 19만 명에 가까운 시리아인들이 레바논으로 피난 온 상태인데, 이로 인한 종교간 갈등도 다시 커질 것이란 우려가 있다.

레바논은 2005년도에 뉴스의 초점이 되었다. 레바논은 중동 국가 중에서 유일하게 이슬람이 국교도, 공식 종교도 아닌, 종교의 자유가 있는 나라이다. 인구의 30% 이상이 기독교 신자이다 (50%로 말하는 자도 있음). 그러나 지난 수년 동안 팔레스타인 난민 문제와 더불어 종교와 인종 문제로 무려 30년간 내전으로 인한 수난을 겪었다. 지금은 이슬람과 기독교가 비교적 평화롭게 공존하여 대통령은 기독교(엄밀히 말하면 마로나이트 교회라는 가톨릭에 가까운 교회임)에서, 수상은 이슬람 수니파에서, 국회 의장은 이슬람 시아파에서 선출되고 국회의원 숫자도 종파별로 정해진다. 이러한 점에서 레바논은 중동에서 유일한 종교 다원적 국가이다.

그러나 무슬림들이 증가하면서 세력 균형이 무너지고 말았다. 이슬람이 너무 강해지자 1975년 수도 베이루트에서 기독교 우파 민병대원들이 팔레스타인 난민 버스를 습격하는 사건이 발생한다. 이것을 계기로 내전이 일어났는데, 충돌은 마로나이트 기독교와 무슬림들 그리고 팔레스타인의 3파전이 되었다. 이 때 시리아 독재자 하페즈 알 아사드(Hafez al Assad)가 군대를 파견, 시리아의 섭정이 시작된다. 물론 시리아가 레바논에 군대를 주둔시키고 정치적 영향력을 행사하는 데는 아랍 국가들의 동의가 있었다. 또 2차 대전 이전에 레바논이나 시리아가 하나의 국가였다는 점도 시리아가 영향력을 행사하는 동기가 되었다. 그러다가 2005년 2월, 국민들 사이에서 인기가 있었던 전 총리 라피크 하리리 (Rafik Bahaa Edine Hariri) 가 테러로 사망하는데, 레바논 국민들은 시리아를 배후 세력으로 보고 반정부, 반시리아 데모를 벌였고 결국 시리아의 지원을 받은 카라미 총리가 물러나고 말았다. 시리아 내전으로 많은 난민들이 레바논으로 피난을 왔다. 난민들도 시리아 대통령인 알 아사드 지지파와 반대파로 나뉘어 레바논에서 서로 싸우고 있다.

14. 이라크(Iraq)

이라크는 시리아 및 요르단 동쪽, 터키 남쪽, 이란의 서쪽, 쿠웨이트 북부에 자리 잡고 있다. 해변이 페르시아만 북부 58km에 불과해 사실상 내륙국가지만 그 중심부에 유프라테스 강, 티그리스 강이 흐르고 있어서 경작이 가능하다. 따라서 사막이 대부분인 다른 중동 지역과는 대조적이다. 그러나 2013년 3월 영국 이코노미스트지는 두 강의 물이 계속 말라서 과거에 비하여 70%의 강물만이 흐른다. 원인은 강수량이 적은데도 시리아 터키, 이라크가 호수를 만들고 지하수를 개발하기 때문이라고 한다. 그러나 이것을 규제할 국제조약이 없다. 이라크 인구는 3천 1백만 명 정도이며, 2012년 현재 대통령을 국가원수로 한 의회민주주의를 채택하고 있다. 더 중요한 사실은 미군이 완전 철수한 이 나라의 시아, 수니 양파 테러전이 언제까지 계속 될 것인지 이다. 국제사회 초미의 관심사이다.

역사

이라크는 메소포타미아(Mesopotamia, 희랍어로 강 사이에 있는 땅이란 뜻)로 더 유명하다. 그래서 기원전 6천년 경부터 이미 여러 고대문명이 이 지역에 자리 잡았으므로 유프라테스 강, 티그리스 강 유역은 문명의 초승달 지역이라고 불리며, 문학, 법률, 그리고 바퀴의 발명지로도 알려져 있다. 또한 고대 지역 토착민인 아카드인, 수메르인, 아시리아, 바빌로니아 및 칼데아 왕국의 중심지였다. 그 후 아케메네스 왕조, 헬레니즘, 파르티아, 사산조 페르시아, 로마제국, 정통 칼리프, 옴마이야드 왕조, 압바스 왕조, 몽고제국, 사파비 왕조, 아프샤르 왕조, 오스만 튀르크 왕국을 거쳐 20세기 초에는 영국이 국제연맹의 위임을 받아 이라크를 지배했다. 현재 이라크 국경도 거의 대부분 오스만 튀르크 왕국이 해체된 뒤 세브르 조약에서 국제연맹(League of Nations)이 결정한 것이다. 1921년 왕국을 선포한 후 사우디아라비아의 마호메트 후손인 파이살 이븐 후사인이 왕이 되었다.

이라크는 처음부터 시아파와 수니파, 그 외 다양한 인종집단을 연합하여 나라를 만들었다. 그래서 '인공국가'라고 말하기 한다. 처음부터 시아파와 수니파의 갈등으로 시작했기 때문에 통합국가로서의 어려움이 많았다. 독재 하에서만 불안한 평온을 유지하였다. 오스만 튀르크의 지배에서 영국의 보호를 받다가 1932년 영국으로부터 독립했다. 1958년에 쿠데타가 일어나 왕국이 해체되고 이라크 공화국으로 변경되었다. 그 후 다시 쿠데타와 혼란을 겪다가 1968년부터 2003년까지 사담 후세인의 사회주의 정당인 바트(Baath)당이 집권했다. 후세인은 집권시절, 특히 미국과 전쟁을 할 때 과거 바빌론 문명의 황금시대를 자랑하면서 신(新) 바빌론 건설을 외쳤다. 그러나 미군에게 패배, 외롭게 숨어 있다가 체포되어 자국의 국민들에게 처형당하고 말았다. 그의 사형집행이 공개되면서 수니파 무슬림들의 비난이 쏟아졌다. 그를 처형한자들이 시아파들이었기 때문이다.

최근 상황

1990년 이라크가 쿠웨이트를 점령하자 미국과 영국 등 연합군이 이라크를 공격한 후 1990년대 후반까지 국제연합은 이라크에 휴전협상을 제의하면서 제재조치도 취했다. 이라크 국민들이 그 제재로 인해 피해를 받고 있다는 보고로 잠시 제재를 완화하기도 했으나, 2002년 미국 의회와 국제연합은 이라크에 대한 무력제재를 의결했다. 2003년 다국적군은 이라크가 국제연합결의를 위반하여 대량살상무기를 개발하고 있다는 이유로 이라크를 공격했다. 나중에 미국 정부의 여러 보고서를 종합해보면 이라크에서 대량살상무기는 발견되지 않았다고 한다. 2003년 미군의 이라크 점령 후 바트당은 정권에서 물러났고 여러 정당이 선거에 출마했다. 2006년 사담 후세인이 사형당하고, 그 이후 미군의 점령 중 시아파가 집권하자 수니파는 계속 반대데모를 하여 내전에 가까운 혼란을 겪고 있다. 누리 알 말리크(Nuri al-Maliki) 총리의 독주와 부정부패는 비난의 대상이 되는 상황에서 수니파 부총리를 부정혐의로 몰아제거하자 양파의 갈등이 더 악화되고 있다.

이라크 점령 미군은 치안유지활동도 담당했다. 2007년 이후 이라크의 혼란은 진정세에 접어들었고, 미국의 이라크 점령은 2011년에 끝났다. 미군 철수 후에도 이라크는 소수의 수니파가 다수의 시아파 정부에 대항하여 국지전을 펼치며 반대운동을 지속, 양파간 테러는 계속되고 있다. 심지어 외부에서 들어온 테러리스트들 때문에 더욱 복잡하다. 외부 테러리스트 중에서 다수는 사우디에서 온 자들이다. 앞으로 이라크가 정상적인 나라로 기능할 것인지는 아직 판단하기가 단순하지 않다.

15. 쿠르디스탄

(Iraqi Kurdistan, 쿠르드족 자치구, 사실상 이라크 내 독립국)

쿠르디스탄은 쿠르드어를 사용하는 민족으로 구성된 이라크 내 동북부에 자리 잡은 자치구이다. 이란, 터키, 시리아, 이라크와 국경을 접하고 있다. 인구는 약 5백 3십만 명 정도이지만 분쟁지역까지 포함하면 6백만 명을 넘을 것으로 추측된다. 이라크의 어느 지역보다도 가장 안정된 지역으로, 미국의 이라크 침공으로 가장 이익을 본 셈이다.

역사 및 최근 상황

기원은 1970년 3월 쿠르드족 자치구와 이라크 정부가 오랜 전쟁 끝에 체결한 협약이다. 1980년대 이란-이라크 전쟁 중 이라크는 쿠르드족을 비롯한 이라크 내 여러 소수민족을 말살하려는 목적으로 알 안팔(Al-Anfal)이란 작전을 펼쳐 폭격, 주민 강제이주, 생화학 무기 사용 등 여러 방법으로 4500개 마을을 공격하여 20만 명에 가까운 대량살상을 자행했다. 이를 피해 많은 쿠르드 족은 인근지역 터키나 이란으로 피신했다. 1991년 제1차 걸프전이 끝난 후, 및 최근 이라크 전이 끝나자 피난민들이 고향으로 돌아갈 수 있도록 쿠르드족 지역을 비행금지구역으로 정했고, 쿠르드 족의 거센 저항으로 말미암아 이라크군도 1991년 10월 쿠르드족 지역에서 완전 철수함으로써 쿠르드 지역은 사실상 자치구로서 독립했다.

그러나 쿠르드족의 대표적 정당 두 개 모두 공식적인 독립을 선언하지 않았으며 쿠르드족 대부분은 스스로 이라크 국민임을 인정하면서 다만 자신들만의 자치권을 주장한다. 2003년 이라크 전이 다시 일어나고 그 결과 개정된 2005년 이라크 헌법에서도 쿠르디스탄이 이라크 영토이며 쿠르드어와 아랍어 모두 이라크의 공식 언어라고 규정했다. 쿠르디스탄은 의회민주주의와 대통령제를 채택하였고 2005년부터 현재까지 마수드 바르자니(Massoud Barzani)가 대통령으로 재직 중이다.

쿠르드 인종은 3천만 명 혹은 4천만이 넘으며 모두 이슬람교를 믿는 무슬림들이다. 그러나 이슬람 지역에서 국가로 인정을 못 받는, 푸대접을 당하는 사람들이다. 과거 터키나 인근국가들이 독립을 약속하였으나 이행되지 못하고 있다. 십자군 전쟁 때의 영웅 살라딘이 바로 쿠르드인이다.

16. 이스라엘(Israel)

이스라엘은 지중해 동남부 해안에 자리 잡은 국가로서 비교적 좁은 면적에도 불구하고 다양한 환경을 포함하고 있다. 기본법에 이스라엘은 유대인의 국가이자 민주주의 국가로 규정하고 있으며 실제로 전 세계에서 유대인이 가장 많이 살고 있는 나라이다. 2013년 인구조사에 의하면 이스라엘 국민은 약 8백만 명인데, 그 중 6백만 명이 유대인이며 아랍인이 160만 명 정도이다. 정치적으로는 의원내각제와 단원제 의회를 채택하고 있으며 수상이 국가를 대표하다. OECD 회원국이며 중동에서는 생활수준이 가장 높은 것으로 평가되고 있다. 수도는 예루살렘이며 텔아비브는 이스라엘의 금융 중심지이다.

역사 및 최근 상황

제2차 세계대전 직후 팔레스타인 지역은 UN의 신탁통치지역이었으나 1947년 UN총회결의로 이를 분할하기로 결정했다. 1948년 세계 시온주의 협회(World Zionist Organization)의 회장이자 팔레스타인 귀환을 위한 유대인협회(Jewish Agency for Palestine) 회장 벤 구리온(Ben-Gurion)은 영국의 신탁통치가 끝나자 "언약의 땅에 유대인의 국가 이스라엘을 세운다"며 건국선언을 했다. 이튿날부터 수년간 이웃 아랍 국가들은 팔레스타인의 아랍원주민들을 지지하며 이스라엘을 여러 차례 공격했다.

이스라엘은 1967년 6일 전쟁으로 요르단 강 서안지역(West Bank), 1982년에는 시나이 반도를 점령하여 가자(Gaza) 지구와 골란(Golan) 고원 일부를 확보했다. 시나이 반도는 다시 이집트에 반환했으나 서안지구 및 가자 지역 및 예루살렘 동부의 법적 지위에 대해서는 아직도 논란이 많다. 이스라엘은 1979년 이집트와, 1994년 요르단과는 평화조약을 체결했으나 이스라엘-팔레스타인 분쟁은 여전히 계속되고 있다. 아랍연맹 중에서 이스라엘과 외교관계를 맺고 있는 나라는 이집트, 요르단, 그리고 1999년 이스라엘과 수교한 모리타니(Mauritania) 뿐이다. 또한 이집트는 비록 이스라엘과 평화조약을 맺고 있지만 많은 이집트인들은 이스라엘을 적국으로 간주하고 있다. 이스라엘 또한 법으로 레바논, 시리아, 사우디아라비아, 이란, 이라크, 수단, 예멘을 모두 적으로 규정하고 있으며, 이 나라들을 방문하는 이스라엘 국민은 반드시 내무부의 허가를 받아야만 한다.

구소련과 미국은 모두 이스라엘의 건국을 승인했고, 미국은 이스라엘을 중동의 우방으로 간주했다. 대외원조법(Foreign Assistance Act)에 의거, 1967년 이후 2003년까지 이스라엘에 680억 달러의 군사원조 및 320억 달러의 차관을 제공했었다. 친이스라엘 노선을 표방하는 인도는 이스라엘과 1992년 외교관계를 맺고 군사, 기술, 문화교류를 추진하고 있다. 2009년 조사에 따르면 인도는 전 세계에서 가장 친-이스라엘적인 국가라고 한다. 인도는 이스라엘 무기 최대 수입 국가이다.

이스라엘은 세계에서 유일한 유대교 국가이다. 전 세계 유대인을 대략 1천3백만에서 4백만으로 보는데, 신앙적으로 보수파, 정통파, 개혁파로 분류된다. 그러나 이스라엘도 세속적 유대인들과 정통파 유대인들 간의 종교문제로 인한 갈등과 분열이 심각하다. 그리고 국제사회로부터 팔레스타인을 너무 억압한다는 비난 여론이 갈수록 커지고 있다.

17. 팔레스타인 공화국(State of Palestine)

팔레스타인(Palestine)은 요단강과 지중해 사이 지역을 지칭하는 전통적 명칭이다. 한때는 가나안 땅, 남(南)레반트(Southern Levant) 지역이라고도 하며 유대인들에 의해서는 이스라엘 땅 또는 언약의 땅(Holy Land)라고도 불렀다. 그 범위도 역사적으로 계속 변하다가 1920년 영-불 국경협약과 1922년 9월, '트렌스 요르단'의 정서에 의해 오늘날 팔레스타인 지역으로 확정되었다. 현재 이 지역에는 이스라엘과 팔레스타인 두 국가가 있다.

역사 및 최근상황

팔레스타인 공화국(The State of Palestine)은 1988년 11월 15일 팔레스타인 해 기구(PLO) 산하 팔레스타인 민족평의회(Palestine National Council, PNC)가 알제리에 피난 중 팔레스타인 독립선언문을 발표함으로써 출범하였다. 팔레스타인 공화국은 1967년 당시 기준의 팔레스타인 지역을 영토로 하며 예루살렘을 수도로 한다고 선언하였다. 팔레스타인 공화국이 자신의 영토라고 선언한 지역은 1967년 이후 이스라엘이 점령하고 있다.

1974년 아랍연맹은 팔레스타인 해방 기구를 팔레스타인인들의 대표기관으로 승인하고 '긴급히 주권을 확립할 권리'를 인정하였다. 그 이후 팔레스타인 해방기구(이하 PLO)는 비정부단체로서 국제연합에 옵서버(observer, 회의에 참여는 할 수 있으나 의결권은 없음)단체 자격을 확보했다. PLO가 팔레스타인의 독립을 선언하자, 국제연합 총회는 이를 승인하고 PLO에 공식적으로 팔레스타인이란 명칭을 부여했다. 2012년 국제연합 회원국 193개국 중 70%에 가까운 131개국이 팔레스타인을 국가로 승인했다. 이로써 국제연합은 팔레스타인을 과거의 팔레스타인 자치정부라는 옵서버단체에서 팔레스타인 공화국이라는 옵서버국가로 승격해서 간접적으로 팔레스타인의 주권을 인정했다.

1993년 오슬로 협약에서 이스라엘은 만약 PLO가 이스라엘의 주권을 승인하고 폭력과 테러 대신 평화를 존중한다면 이스라엘도 PLO가 팔레스타인인들의 대표기구임을 인정하겠다고 약속했다. 이에 따라 1994년 PLO는 팔레스타인 자치정부(PNA)를 설치하고 요단강 서안지역(West Bank) 및 가자(Gaza)지역 일부에서 국가의 역할을 담당하고 있다.

초기에는 요단강 서안지구를 지배하던 아바스(Abbas)의 파타(Fatah) 좌파가 국제적으로 팔레스타인 정부로 인정을 받았다. 그러나 2007년 하마스(Hamas)가 가자지구를 정치적으로 장악하자 팔레스타인 정부가 양분되기 시작했다. 2011년 하마스와 파타는 화해를 약속했으나 아직까지 긴장이 풀리지 않은 상태다.

최근 팔레스타인과 이스라엘은 이스라엘 감옥에서 사망한 한 팔레스타인 문제로 갈등이 심하다. 심문도중 사망, 인권시비로 번지고 있다. 그러나 이스라엘 당국은 그가 죽기 전에 질병이 있었다고 해명하였다. 여하

튼 이스라엘과 팔레스타인 문제는 국제정치에서 항상 핵폭탄이 되고 있다. 이 두 인종의 갈등은 종교가 더 복잡한 요인으로 작용한다.

18. 이란 (Iran)

이란의 공식명칭은 이란 이슬람 공화국으로 이슬람 신정주의 국가이다. 이슬람이 정치 이념으로 헌법에 명기된 나라이다. 그래서 이슬람교 최고지도자가 정치, 사회 모든 분야에서 위에 군림한다. 국회와 대통령이 만든 법도 종교 최고 지도자가 알라의 뜻과 일치하는지의 사인을 받아야 집행된다. 핵무기 개발로 미국, 구라파와 계속 갈등 관계에 있다. 최근의 국내정치 상황은 억압적인 정치문화와 경제난으로 국민들의 불만이 높다. 사회이완 현상이 심하여 일본인 이슬람 전문가 야마우찌 마사노리를 이란의 사회상황을 '종말의 시작'이라는 묘한 평을 하였다.

역사

이란이라는 명칭은 페르시아어로 '아리아 민족의 땅'이란 뜻으로서 사산조 페르시아 때부터 사용되었다. 아리안은 인종적으로는 백인에 속한다. 그래서 2차 대전 때 히틀러는 아리안 인종의 우수성을 외치면서 테헤란 대학을 지어 주었다는 일화가 있다. 1935년까지는 페르시아로 불리다가 이후 이란이 정치적인 공식명칭이 되었다. 공식적인 종교는 시아파 이슬람교, 언어는 페르시아이며, 인구 7천 5백만 명으로서 북부에 아르메니아, 아제르바이잔, 투르크메니스탄이 있고 카스피 해 건너편에 러시아와 카자흐스탄이 있다. 동쪽으로 아프가니스탄과 파키스탄, 남쪽으로 페르시아만, 서쪽으로는 이라크 및 터키와 접해있다. 이란은 국제연합과 OPEC의 창립회원국이다. 테헤란은 그 수도이자 정치, 공업, 상업의 중심지이다. 석유와 천연가스 매장량이 매우 높아 자원안보 및 국제경제상 중요한 위치를 점하고 있다. 이란의 석유 매장량은 세계 4위, 천연가스 매장량은 세계 2위이다.

이란은 고대문명의 발원지이기도 하다. 최초의 왕국은 기원전 2800년경 엘람왕국이었고, 기원전 625년 메디아 왕조(구약 명칭: 메데)가 이란 전역을 통일했다. 이후 아케메네스 왕조, 알렉산더 대왕에게 정복된 후 셀레우코스 왕조, 이후 이란의 토착왕조 파르티아왕국과 사산조 페르시아를 거쳐 이슬람교가 한창 팽창하던 서기 651년 이슬람세력이 이란을 정복했다. 이슬람 세력의 점령기 이후 이란의 토착 왕조들이 다시 일어나 이란의 독립을 주장하며 페르시아어와 그 문화를 이란 전역에 보급했다. 그 결과 나중에 다시 가즈나(Ghaznavid) 왕조, 셀주크투르크, 일한국, 티무르 왕국이 이란을 지배했어도 페르시아 문학과 철학, 의학, 천문학, 수학, 예술은 이슬람교 문화의 핵심요소가 되었다. 1501년 사파비 왕조가 이란을 지배하기 시작하면서 오늘날 시아파의 최대 세력인 열두이맘파(Twelvers)를 국교로 정했는데, 이는 아마도 이란을 다른 이슬람 국가와 다르게 만들어놓은 결정적인 계기로 보인다. 1906년 이란은 페르시아 입헌혁명으로 입헌군주제를 채택하고 초대 의회를 만들었다. 1951년 민선 수상 모사데그(Mohammad Mossadegh)가 석유산업을 국유화하는 등 민족주의적 정책을 취하자 1953년 미국의 아이젠하워(Dwight Eisenhower) 대통령과 영국 처칠(Winston Leonard Spencer Churchill) 수상의 지원을 받은 팔레비 왕이 쿠데타를 일으켜 실권을 잡았다. 미국과 영국 석유회사들에게 많은 혜택을 주면서 사실상 전제정치를 하던 팔레비 왕조에 불만을 품은 시민들이 1978년부터 시위 및 파업을 시작했다. 1979년 마침내 팔레비 국왕은 해외로 도피하였고 이란은 새로운 헌법을 채택했다. 이를 이슬람 혁명이라고 부르는데, 프랑스로 망명을 떠났던 호메이니가 뒤에서 조종을 했다. 그리고는 다시 '영웅'으로 금의환향 하였다. 지금도 이란 사람들은 그를 신적 존재로 여긴다. 호메이니는 이스라엘을 국가로 인정하지 않고 '시온정부'로 표현, "이스라엘은 지도상에서 사라져야 할 나라"라며 예루살렘 해방을 외쳤다.

당시 민족주의자와 공산주의자 모두 반팔레비 혁명에 동참했지만, 이란 혁명 후 들어선 이슬람 정부에서 수만 명이 목숨을 잃었다. 팔레비 왕 시절의 세속화 된 나라에서 엄격한 이슬람 율법주의 국가로 180도 방향을 선회, 여자들은 모두 히잡을 써야하며, 남자들도 팔을 노출하면 종교경찰이 매질을 할 정도로 엄하게 하였다. 지금도 이란 비행기를 타면 외국인 여성들도 히잡(스카프)을 해야 한다. 새로운 헌법에서 이란은 이슬람교 지도자를 '최고지도자'(Supreme Leader)라고 부르며 그 밑에 대통령과 부통령, 의회를 두고 있다. 이란 혁명 당시 이란 군대가 사실상 와해되었다고 판단한 이라크 대통령 후세인은 이란 혁명을 우려하는 국제여론을 등에 업고 이란의 석유매장 지역이자 수출항 후제스탄(Khuzestan)을 점령하고자 1980년 이란을 공격했으나 교착상태에 빠졌고 마침내 1988년 국제연합의 중재로 이란-이라크전쟁은 끝났다.

최근 상황

이란-이라크 전이 끝난 1989년부터 1997년까지 라프산자니(Akbar Hashemi Rafsanjani)가 이란의 대통령이 되어 경제 활성화정책을 펼쳤고, 1997년부터 2005년까지는 하타미(Mohammad Khatami) 대통령이 개혁 정책으로 이란혁명의 취지에 반하지 않는 범위에서 대외협력을 보다 활성화하고 외국의 투자를 유치하고자 힘썼으나 실패로 평가되고 있다. 2005년 선거에서 대중으로부터 많은 인기를 끌고 있던 보수주의자 아마디네자드(Mahmoud Ahmadinejad)가 대통령에 당선되었고 2009년 다시 재선되었으나 선거부정의 의혹으로 엄청난 저항을 받았다. 그러나 하메이니 최고지도자가 아마디네자드의 손을 들어주어 일단 수습되었다. 그러나 간헐적으로 반대시위가 이란 국내 및 해외에서 발생하고 있다. 지금도 정치적으로 대단히 불안하다. 금년 선거가 주목된다.

그러나 강력한 정보정치로 인해 아랍 스프링의 영향은 적게 받고 있다. 호메이니의 이슬람 혁명은 도리어 많은 젊은이들로 하여금 도리어 이슬람을 떠나게 한다는 여론이 높아지고 있다. 이슬람 혁명에 대한 반발로 이란 전역에 기독교 가정교회가 많이 생겨 이란 정부를 곤혹스럽게 한다는 것이다. 많은 지식인들이 나라를 떠나서 외국에서 민주화 운동을 전개하고 있다.

1950년대 미국의 후원 하에 평화적 원자력 개발계획을 시도했으나, 1979년 이란혁명 이후 팔레비 왕정을 폐지하고 개정된 헌법에 따라 아야툴라 호메이니(Ayatollah Ruhollah Khomeini)가 최고지도자가 되었다. 호메이니는 이슬람교 원칙에 따라 원자력이 사악한 것이라고 하면서 모든 원자력 연구를 중단했다. 하지만 이란-이라크 전쟁 중 원자력 개발이 다시 재개됐고, 1989년 호메이니 사망 후 많이 확장되었다. 러시아 정부의 원자력연구소 로사톰(Rosatom)의 지원 하에 이란은 2011년 부세르(Bushehr) 원자력 발전소를 가동하기 시작했고, 다르코빈(Darkhovin)에 360메가와트 급의 새 발전소를 세울 것이며 다른 지역에도 중소 규모의 발전소와 우라늄광을 개발할 것이라고 발표했다.

1543년 오스만 튀르크의 점령으로 인해 소피아 성당은 모스크로 바뀌었다.
이후, 케말 파샤는 세속적 이슬람 국가를 선포하며 모스크의 예배를 중지하고 일반인들에게 관람토록 개방하였다.

그러나 국제원자력기구(IAEA)가 이란이 핵무기 신관 및 탄도 등 핵무기도 연구 중이라는 보고서를 발표하자, 2006년부터 UN안보리는 이란의 우라늄 농축이 UN헌장에 반한다는 이유로 중지를 요구했다. 이란이 이를 거부하자 UN은 이란에 대한 제재를 결의했고, 2010년에는 이란에 대한 모든 무기수출 금지 및 이란의 탄도미사일 개발 금지를 결의했다. 이에 대해 이란은 자신의 원자력 개발은 순전히 평화적 목적이며 핵확산금지조약(NPT)를 위반하지 않았다고 주장하면서 안보리 상임이사국 5개국 및 독일과 교섭을 계속하고 있다. 지금도 유엔과 대화를 진행 중이다.

이란은 지금 내전을 겪고 있는 시리아의 아사드 정권을 지원하고 있다. 심지어 혁명수비대를 보내어 반군과 싸우고 있다. 이란은 시리아에 많은 투자를 하였다. 아사드의 알라위 이슬람은 시아파 계열이기 때문에 이란은 시리아 정부군을 적극 지원한다. 민주화를 거부하고 이슬람 신정주의를 고집하는 현 정치권력이 얼마나 잘 지속될 것인지 국제사회가 주시하고 있다.

19. 터키(Turkey)

역사

터키가 자리 잡고 있는 아나톨리아 고원은 선사시대 유적지이기도 하다. 그리스 신화 일리아드에 나오는 트로이 왕국의 소재지이기도 하다. 한국동란에 참전한 나라로 한국과 아주 가까운 나라이다.

이 땅에 정착한 사람들은 기원전 2500년 경 인도-유럽인종이 아닌 하티 족 및 후리아 족이었으나 히타이트 족이 이들을 정복하고 아나톨리아 지역 최초의 왕국이 되었다. 이후 프리지아 왕국, 에올리아인 및 희랍인, 페르시아 왕국, 알렉산더 대왕의 마케도니아, 로마제국, 동로마제국이 차례로 이 지역을 지배했다. 중세에 접어들어 칭기즈 칸(Chingiz Khan)의 몽고족에 밀려 서쪽으로 이주한 셀주크 튀르크족이 1071년 만지케르트 전투에서 동로마제국을 이겨 아나톨리아 지역을 차지하고 동로마제국을 위협했다. 그 이후 오스만 튀르크 왕국이 1453년 동로마제국 수도 콘스탄티노플(오늘날의 이스탄불)을 점령하고 20세기 초반까지 이 지역을 지배했다. 콘스탄티노플의 점령은 서구 기독교에 엄청난 충격을 주었다. 마르틴 루터(Martin Luther)는 이 사건을 기독 교회에 대한 하나님의 심판이라고 하였다. 투르크족은 이슬람을 확산하고 보호하는 것이 투르크족의 사명이라고 확신하였다. 19세기 후반 오스만 튀르크 왕국이 쇠약해지자 발칸반도의 회교도들이 아나톨리아 고원으로 이주해오고 광대한 오스만 튀르크 왕국 각 지역의 민족주의 의식이 점점 강해졌다. 제1차 세계대전의 혼란 중에 독일, 오스트리아 등 동맹국의 편에 선 오스만 튀르크는 패전국이 되었다. 전쟁 중 약 150만 명의 아르메니아인을 추방하여 대량 학살한 것으로 보고되지만 터키 정부는 이를 부인하고 있다. 당시 오스만 튀르크는 아르메니아인뿐만 아니라 희랍인 및 아시리아인 등 다른 소수민족도 같이 박해하거나 학살했다. 제1차 대전 종전 후 연합국은 세브르(Sevres)조약을 맺고 오스만 튀르크제국을 분할했다.

세브르 조약 내용에 불만을 품은 터키 민족주의자들은 1차 대전 중 갈리폴리 전투를 성공적으로 이끌어 영국, 프랑스 연합군을 물리친 아타튀르크 케말 무스타파(Mustafa Kemal Atatürk, 나중에 '케말 파샤'로 불림)를 지도자로 하여 터키 독립전쟁을 일으켰다. 이로 말미암아 오스만 튀르크를 점령하고 있었던 연합국은 후퇴할 수 밖에 없었고, 마침내 터키 민족주의자들은 앙카라정부와 의회를 만들어 1922년 오스만 튀르크 왕국을 사실상 해체하고 623년 동안의 술탄 지배에 종지부를 찍었다. 1923년 로잔 조약에서 국제사회는 앙카라를 수도로 하는 터키 공화국을 승인하였고, 터키와 그리스는 터키 거주 100만 명의 희랍인과 그리스 거주 38만 명의 회교도를 상호 교환했다. 터키 독립전쟁을 승리로 이끌고 공화국 수립을 주도한 케말 파샤는 터키 초대 대통령으로 취임하여 많은 개혁을 단행했다. 1945년까지 터키 정치는 일당 독재체제였으나 수십 년간의 복수정당제와 쿠데타가 반복되는 혼란을 거쳐 현재는 1980년대 후반 시작된 경제자유화와 함께 정치도 비교적 안정된 상태이다.

제2차 세계대전 중 터키는 중립을 지키다가 1945년 연합국의 승리가 거의 확실해지자 연합국에 가입했고 그 해 6월 국제연합 창립회원국이 되었다. 2차 대전 직후 그리스의 공산당 반란과 구소련이 터키해협에 군사기지를 세우려 하자 1947년 미국 대통령 트루먼(Harry S. Truman)은 트루먼 독트린을 선언하고 그리스와 터키에 경제적 군사적 원조를 아끼지 않았다. 1948년 유럽경제 부흥을 위한 마셜플랜(Marshall Plan)에는 그리스와 터키 모두 포함되었고 1961년 양자 모두 OECD 회원국이 되었다.

터키는 1950년 국제연합의 연합군으로서 한국전쟁에도 참여했고 1952년 북대서양조약기구(NATO)의 회원국이 되어 대(對)소련 최전방이 되었다. 1974년 사이프러스에 친(親)그리스파가 쿠데타를 일으키자 터키는 사이프러스를 공격, 9년 동안의 내전 끝에 북(北)사이프러스를 세웠으나 그

승인국은 터키뿐이다. 언론의 보도에 따르면 이 문제는 NATO 및 EU와의 논쟁을 낳아 터키의 유럽연합 가입에도 장애가 되고 있다고 한다.

최근 상황

터키의 현재 대통령은 2007년 당선된 압둘라 귈(Abdullah Gul)이며 그는 과거 이슬람 단체의 회원이었다. 같은 해 국회의원 선거에서는 이슬람계 정의개발당(AKP)이 47%를 득표하여 의회 다수당이 되었다. 1933년 이래 터키는 남녀 모두 선거권이 있다. 한편 터키 최고법원은 비-세속주의를 추구하거나 분리주의 정당에 대한 재정적 원조의 중단을 명할 수 있다. 터키의 인권문제는 완전히 정착되지는 않은 것으로 보인다. 1998년부터 2008년까지 유럽인권재판소는 1600건의 사건에서 터키가 인권을 침해한 것으로 판결했다. 현재 터키는 유럽연합 가입을 추진 중이지만, 유럽연합 역시 터키의 쿠르드족 문제, 여성인권 및 언론의 자유도 완전히 보장된 것은 아니라고 평가하여 터키의 회원가입을 보류 중이다.

제2차 세계대전 이후 터키는 지속적으로 유럽의 회원이 되고자 노력 중이다. 그 결과, 1963년 유럽경제공동체(EEC)의 준(準)회원국이 되었으며, 1992년 서유럽 연합(Western European Union)의 준회원국을 거쳐 1995년 유럽연합 관세협약(EU Customs Union)의 회원국이 되었다. 한편 터키는 냉전 시대부터 줄곧 미국과 동맹관계를 유지하였다.

또한 1991년 구소련의 해체와 투르크족이 많은 주변 신생국들의 독립으로 인해 중앙아시아 지역에 대한 터키의 영향력이 더욱 커졌다. 터키는 집권 AKP당의 소위 '신(新)오스만 정책(Neo-Ottomanism)' 하에 바쿠유전의 석유 및 천연가스 송유관을 확보하여 EU 회원가입 및 경제적 성장을 도모하고 있는 것이다. 그러나 아르메니아와의 국경분쟁이 터키의 송유관 추진에 걸림돌이 되고 있다.

수상 엘도간은 강력한 리더십으로 정치를 안정시키며 경제를 부흥시키어 인기를 얻고 있다. 그동안 군부가 지배한 정치 분위기를 완전히 바꾸는데 성공하였다. 그러나 많은 군부지도자들과 언론인들을 구속, 이에 대한 국제사회의 여론이 좋지 않다. 여론은 자신이 대통령이 되기 위하여 수상의 많은 권한을 대통령에게로 이관하고 있다고 본다. 그의 야심은 옛 오스만튀르크의 영광을 재현하는 것이다.

20. 사이프러스 (Cyprus)

사이프러스는 지중해 동부의 섬나라로서 공식명칭은 사이프러스 공화국이다. 서쪽에 그리스, 북쪽에 터키, 동쪽에는 시리아, 레바논, 이스라엘이 있다. 과거 비동맹운동의 창립회원국이었으나 2008년 유럽연합의 회원국이 됨으로써 지위를 상실했다. 현재 알려진 바로는 기원전 1만

년경에 사이프러스 섬에 신석기문화가 있었다고 하다. 신석기시대 유적지 키로키티아(Khirokitia)와 고대유적지 파포스(Paphos)는 현재 유네스코(UNESCO) 세계문화유산으로 선정되었다. 또한 세계에서 가장 오래된 우물들도 많아 사이프러스는 관광지로 유명하다.

역사

지정학적 중요성 때문에 고대부터 아시리아, 이집트, 페르시아, 알렉산더 대왕의 마케도니아 등 여러 강대국들이 점령했다. 그 후에도 프톨레마이오스 왕조, 로마제국, 비잔틴왕국(동로마제국), 아랍의 칼리프, 프랑스의 뤼지냥(Lusignan) 왕조, 베네치아 공국 등이 잠시 점령했다가 1571년 오스만 튀르크 왕국이 정복하여 300년간 지배했다. 1878년부터는 영국의 지배하에 있다가 1960년에 독립했고 그 이듬해 영연방(Commonwealth)의 회원국이 되었다. 그 후 그리스계통의 주민들과 터키계 주민들의 오랜 대립이 계속되다가 1974년 그리스 계통으로 통일하려는 쿠데타가 발생했다. 1955년부터 사이프러스 북부를 노리던 터키는 이를 빌미로 사이프러스 북부를 공격했고 정전협상 끝에 15만 명의 그리스계통 주민들과 5만 명의 터키계 주민들을 교환하면서 마침내 사이프러스 섬에는 북(北)사이프러스와 사이프러스 공화국 두 개의 국가가 성립되었다. 그 후 이 두 사이프러스 국가들은 지금까지도 여전히 정치적 갈등관계에 있다.

최근 상황

사이프러스 섬과 인근해역은 법적으로는 사이프러스 공화국의 영토이다. 다만 사이프러스 섬에 있는 영국의 해외영토 일부지역은 제외하다. 그러나 실제로는 사이프러스 공화국이 사이프러스 섬의 59%만을 통치하고 북부는 북사이프러스가 통치하고 있다. 북사이프러스는 사이프러스 섬의 36%를 차지하고 있지만, 이를 국가로 인정하고 있는 나라는 터키뿐이다. 국제적으로는 사이프러스 북부지역을 사이프러스 공화국의 점령지역으로 인정하고 있으며 국제연합(UN)도 오직 사이프러스 공화국을 사이프러스 섬의 유일한 국가로 인정하고 있다.

21. 알제리(Algeria)

알제리는 공화국으로서 지중해 연안 지브롤터 해협 우측에 자리 잡고 있으며 그 수도는 알제(Algiers)이다. 헌법상 국어는 베르베르어와 아랍어지만 불어도 실생활에서는 널리 사용되고 있다. 2012년 추정인구는 3천 7백만 명 정도이고 일인당 국민소득은 미화 5300달러 정도지만 실질적 구매력 기준으로 환산하면 약 7300달러에 이른다. 정치형태는 이원집

정부제로서, 대통령과 수상으로 이루어진 행정부와 양원제로 구성된 국회가 있다. 1962년 7월 프랑스에서 독립했으며 석유산업이 국가의 주(主) 수입원이다. 국영 석유회사 소나트라(Sonatrach)는 아프리카에서 가장 큰 석유회사다. 그러나 천연자원인 석유산업의 융성으로 제조업이 성장하지 못해 경제학에서 말하는 '네덜란드 병'을 앓고 있다. 아프리카에서는 이집트에 이어 2위의 군사대국이며 러시아 및 중국과 전략적 동맹관계 및 무기지원을 받고 있다.

역사

알제리에서는 구석기시대의 유적이 발견되었는데, 이 유적은 레반트(시리아 및 팔레스타인, 이라크, 이집트 북부 등 지중해 동부)지역에서 발견된 유적과 유사하다. 역사시대에 접어들면서 리비아, 튀니지와 마찬가지로 베르베르인들이 거주했고 카르타고가 지중해를 장악한 후에는 알제리에도 페니키아인들의 도시가 많이 만들어졌다. 그 후 중세에 이르기까지 알제리의 역사는 카르타고, 로마, 반달, 비잔틴, 이슬람교 칼리프 시대를 거쳐 19세기 후반까지 오스만 튀르크의 지배하에 있었다.

16세기 지리상 발견의 시대에 잠시 스페인이 알제리 여러 항구에 해군기지를 확보했으나 스페인 상선에 큰 도움이 되지 않고 비용이 너무 커서 철수했다. 한편 오스만 튀르크의 술탄(최고지도자 지위, 이슬람교 팽창기의 칼리프에 해당)은 그 당시 지중해 서부지역의 강력한 이슬람교 사략선단 지휘자에게 알제리 지배권을 위임하고 그 직책을 파샤(pasha, 나중에 데이-dey-라 명함)라 명했다. 그러나 그 후 200년 동안 그 지도부는 부정부패, 음모와 살인, 쿠데타로 혼란이 계속되었다.

그러나 그들의 해적활동은 매우 왕성하여 지중해 서부는 300년 동안 바르바리(Barbary-알제리, 리비아, 튀니지 지역의 이슬람교 사략선단) 해적들이 활개를 치면서 기독교도 및 비(非)이슬람 교도를 습격했다. 사학자 로버트 데이비스(Robert Davis)에 따르면, 그 3세기 동안 바르바리 해적에게 약탈당하고 붙잡혀 오스만 튀르크나 지중해 이슬람지역에 노예로 팔린 유럽인의 수는 100만에서 120만 명에 이른다고 한다("British Slaves on the Barbary Coast". Bbc.co.uk. Retrieved 2013-01-17).

18세기 말 바르바리 해적은 카리브 해 해적들과도 조약을 맺어 대서양에서도 활동했다. 미국상선까지 피해를 입자 미국은 알제리와 1801년 제1차 바르바리전, 1815년 제2차 바르바리전을 벌였다. 이후 미국은 해적들에게 더 이상 공물을 줄 필요가 없게 되었고 바르바리 해적들 역시 많이 약화되었다. 그 후 영국과 네덜란드는 알제, 튀니스, 트리폴리 지도자들로부터 지중해 해적에 대한 공물을 완전히 폐지하고 더 이상 기독교인들을 공격하지 않겠다는 합의를 얻어냈다.

1830년 알제리가 약화된 틈을 이용, 프랑스는 자국 영사에게 사소한 모욕을 했다는 이유로 알제리를 점령하고 식민지로 만들었다. 프랑스는 알제리를 문명화한다는 취지로 불어를 보급했고 불어를 하는 베르베르족 엘리트 계층이 형성되었다. 그 후 독립할 때까지 프랑스는 알제리를 프랑스의 한 지방 행정구역으로 두고 관리했다. 약 5만 명의 프랑스인이 알제리로 이주했고, 프랑스 정부는 알제리 토착민의 땅을 압수하여 프랑스인들에게 혜택을 주었다. 이에 불만을 품은 알제리 이슬람 교도들은 프랑스로부터의 독립운동을 전개, 1954년에는 내전(알제리 전쟁)으로 치달았다. 프랑스 정부의 주장에 따르면 알제리 독립군인 민족해방전선(Front de Libération Nationale, FLN)에 의한 친프랑스 알제리용병 아르키(Harki)족 사상자는 3만명 내지 15만명이라고 한다. 마침내 1962년 에비앙 조약으로 알제리는 프랑스로부터 독립했다.

최근 상황

민족해방전선(FLN) 지도자 벤 벨라(Ahmed Ben Bella)는 알제리 초대 대통령이 되었으나 1963년 모로코와 국경분쟁 후 국방장관 부메디엔(Houari Boumédienne)에게 쫓겨났다. 새 대통령이 된 부메디엔은 벤 벨라의 사회주의적 정책을 유지하며 집단농장과 산업화, 석유산업 국유화를 추진하고 군사적 실권을 이용하여 독단적인 일당독재체제를 굳혔다. 석유산업 국유화 덕택에 1973년 석유파동에서도 부메디엔 정권은 비교적 안전했다.

부메디엔의 후임 벤제디(Chadli Bendjedid) 대통령은 자유시장경제로 변화를 시도하면서도 아랍화와 이슬람주의를 추구하여 중동각지에서 아랍어 교사들을 채용하고 그들로 하여금 급진파 이슬람 사상을 보급하게 했다. 그러나 1980년대 석유 과잉공급으로 국제유가가 폭락하자 그는 경제적 정치적 위기를 맞아 복수정당제를 도입했다. 그러자 이슬람 구원전선(Front Islamique du Salut, FIS)과 같이 이슬람주의를 추구하는 정당들이 탄생했다. 1991년 1차, 2차 선거에서 FIS가 승리하자 이슬람주의자들의 정부가 들어설 것을 우려한 알제리 군부는 국가평의회를 만들어 정치에 개입하고 선거를 무효로 선포하고 FIS를 불법단체로 규정했다. 그러자 FIS의 무장조직 무장이슬람그룹(Armed Islamic Group, AIG)을 결성, 반란을 일으켜 1997년까지 알제리는 내전을 겪었다. 내전 중 10만 명 이상이 사망한 것으로 추정된다.

1999년 다시 치러진 선거에서 부테플리카(Abdelaziz Bouteflika)가 대통령에 당선되었다. 그는 '국민화합'을 기치로 내걸고 기한부 사면령을 내려 무장조직들이 빨리 자진해체하도록 종용했다. 그래도 GSPC와 같은 살라피주의자들은 반정부테러를 계속했다. 국민화합정책이 실효를 거둔 듯이, 부테플리카는 2004년 대선에서도 재선되었다. 2008년 국회는 대통령 삼선이 가능하도록 헌법을 개정하고 부테플리카는 개정된 헌법에 의해 출마, 또 다시 대통령에 당선되었다. 그러나 중동 지역에 만연한 아랍의 봄 영향으로 2010년 12월부터 알제리에도 시위가 일어나자 부테플리카 대통령은 19년간의 계엄선언을 해지하고 정당법 및 선거법 개선, 여성의 참정권을 보장하겠다고 약속했다. 2011년 4월에는 헌법과 정치제도도 개혁할 것이라고 다짐했다. 현재 알제리는 아프리카 연합, 아랍연맹, OPEC, UN의 회원국이자, 아랍 마그레브연맹의 회원국이다.

22. 수단 (Sudan)

수단(Sudan)은 아프리카 대륙 동쪽 홍해에 접한 공화국이며 오랜 내전 끝에 2011년 남수단(South Sudan)이 분리 독립했다. 명확한 구분을 위해 때로는 북(北)수단이라고도 불린다. 이집트 남부, 에티오피아 동부에 있으며 리비아, 차드와도 국경을 접하며 나일 강이 흐르고 있다. 전체 인구는 2008년 인구조사 결과 약 3천 만 명 정도이며 나일 강 지역 원주민과 아랍계로 구성되어 있다. 아랍계 주민들은 주로 북수단에 많으며 이슬람교의 원칙대로 생활하기 때문에 수단 역시 중동으로 간주하는 경우가 많다. 1인당 국민소득은 남수단과 북수단 모두 미화 1600달러 정도이며 인간개발지수(HDI)도 세계 169위로서 중하위권이다. 그러나 최근 경제개혁으로 경제가 빠르게 성장하고 있다. 중국과 일본에 수출도 많이 하고 있다. 그럼에도 불구하고 통계에 따르면 국민의 약 5분의 1 정도는 하루에 미화 1.25달러 이하의 돈으로 생계를 유지한다.

역사

수단의 고대 진흙벽돌 유적으로 미루어 보건대 인류가 거주하기 시작한 것은 신석기시대로서, 이들은 아마도 나일 강 유역에서 수렵생활 및 가축사육을 했을 것으로 짐작된다. 역사시대에 접어들면서 수단의 역사는 고대 이집트 왕국의 역사에 흡수된다. 이집 트왕국에게 정복되기 전 고대에는 푼트 왕국이 있었고 그 후 성립된 쿠시(Kush) 왕국은 기원전 9세기 경 우수한 청동기 문명으로 이집트를 침략, 이집트의 파라오(신왕조)가 되어 아라비아 반도까지 진출, 아시리아(구약 명칭: 앗수르) 왕국과 경쟁하며 한때 유대인들을 도왔다고 한다. 그러나 아시리아에 밀려 이집트를 다시 빼앗기고 수단지역은 누비아(Nubia)왕국 등 여러 왕국이 쿠시 왕국의 뒤를 이었다. 그 중 누비아왕국은 서기 6세기경 기독교를 받아들였다. 그러나 이슬람교의 팽창기 이집트를 정복한 이슬람세력은 누비아 등 수단지역의 왕국들과 정략결혼 또는 외교관계, 상거래를 통해 이 지역에 이슬람교를 꾸준히 보급했다.

그 결과 수단 지역 왕국들은 기독교와 이슬람교가 공존하던 중, 마침내 16세기 누비아 왕국 남부지역 이슬람 교도 푼즈(Funj)족이 기독교 세력을 완전히 축출하고 센나르 왕국(Sultanate of Sennar, 또는 푼즈 왕국이라고도 함)을 세웠다.

19세기 초반 푼즈 왕국이 왕위계승문제와 왕족의 쿠데타로 많이 약화되자 오스만제국의 이집트 총독(pasha) 무함마드 알리(Muhammad Ali)가 4000명의 군대로 수단을 정복했다. 그는 자신의 아들을 수단 총독(pasha)로 삼았다. 19세기 후반에 접어들어 지도부에 부정부패가 만연하고 영국 등 서구열강이 노예거래를 금지하도록 압력을 가하자, 마흐디(Mahdi, 올바른 자라는 뜻)라 불리는 압드 알라(Muhammad Ahmad ibn Abd Allah)가 주도하는 반란이 발생했다. 마흐디 반란군은 이집트와 영국군을 몰아내고 1885년부터 수단을 지배했다.

1890년 마흐디가 죽자 마흐디의 대리인 무함마드(Abdallahi ibn Muhammad)는 자신을 칼리파(Khalifa, 후계자라는 뜻)라 칭하며 에티오피아, 이집트를 위협했으나 이탈리아와 벨기에의 개입으로 포기했다. 1898년 영국은 프랑스, 벨기에와의 식민지 경쟁에서 유리한 입장을 확보함은 물론 아스완댐 계획을 안전하게 추진하고자 마흐디 왕국을 공격, 승리한 후 수단을 이집트와 영국이 공동으로 통치하는 조약을 맺었다. 그러나 영국의 교묘한 외교적 전술로 인해 수단은 사실상 영국의 식민지가 되었다. 그때부터 이미 영국은 이슬람지역인 북수단과 기독교지역인 남수단을 각기 다른 지방으로 분리하여 통치했다.

최근 상황

1914년 이집트가 오스만 튀르크제국으로부터 완전히 독립하자 영국은 이집트와 수단을 통합해서 하나로 통치했다. 그러자 이집트 민족주의자들은 거세게 저항했고 마침내 1952년 나세르 등이 주도하는 자유장교단(Free Officers Movement)의 이집트 혁명이 성공했다. 1956년 국민투표를 통해 수단은 이집트와 영국으로부터 독립을 결정하고 공화국을 수립, 알 아자리(Ismail al-Azhari)를 수상으로 임명했다.

그러나 남수단은 수단이 사실상 북수단에 의해 지배될 것을 우려, 1955년부터 게릴라전을 시작했다. 1972년 아디스아바바(Addis Ababa) 협정으로 남수단자치구가 만들어질 때까지 계속된 이 분쟁을 제1차 수단내전이라 한다. 그러나 1983년 북수단의 니메리(Nimeiry) 대통령이 아디스아바바협정을 위반하여 수단연방을 만들고 남수단을 여기에 포함시키려 하자, 남수단은 수단인민해방군(SPLM)을 조직하고 다시 내전이 발생하여 2005년까지 지속되었다(제2차 수단내전). 1985년부터 1991년까지의 평화협상, 1999년 이집트와 리비아의 중재노력 모두 실패하고, 가뭄과 전쟁으로 기아에 허덕이는 수단인들을 원조하려는 국제사회의 노력 역시 북수단이 이라크 전 당시 친이라크 정책을 펼치고 인권을 유린했다는 사실로 인해 성공적이지 못했다. 2002년 미국의 수단평화특별법(Sudan Peace Act)은 1983년 제2차 내전 이후 2백만 명의 민간인을 대량 학살했다는 혐의로 수단정부를 고발하고 있다. 2005년 남, 북수단은 평화조약을 체결하고 남수단의 독립을 인정하고 이슬람율법(샤리아)는 북수단에서만 유효하다고 합의했다. 2011년 남수단은 국민투표를 거쳐 독립된 국가를 건설했다.

한편, 내전 중 북수단에서는 1989년 무혈쿠데타가 일어나 알 바시르(Omar al- Bashir)가 수상 알 마흐디(Sadiq al-Mahdi)를 추방하고 지도자가 되었다. 그는 이슬람민족전선(National Islamic Front, NIF, 수단의 이슬람정당) 지도자 알 투라비(Hassan al-Turabi)와 손을 잡고 샤리아를 사실상 헌법으로 만들어 정당이나 사회단체들을 강제해산하고 정치인, 언론인들을 투옥했다. 1993년 알 바시르는 대통령이 되어 국민의회당(National Congress Party, NCP)을 창립, 일당독재제도를 추진했다. 국회의장이 된 알 투라비는 이슬람 원리주의자들과 접촉하여 그들이 수단에서 활동할 수 있도록 보장하고 개인적으로는 오사마 빈 라덴까지 초대했다.

이에 미국은 수단을 테러지원국으로 규정하고, 1998년 수단을 폭격하고 미국 회사들이 수단에서 사업하는 것을 금지했다. 수단이 국제적으로 고립되자 알 투라비의 세력은 약화되고, 수단은 미국과 이집트 등 주변국을 회유하고자 오사마 빈 라덴 등 급진파 이슬람 단체 및 지하드 단체를 추방했다. 이후 다르푸르 지역 등지에서 수단 내전은 더욱 심해지고, 이로 인해 자국의 안전을 우려 한 차드는 2005년 수단에 전쟁을 선포하기도 했다(2007년 화해함). 내전 및 정치에서 인권을 무시했다는 이유로 국제형사재판소(International Criminal Court, ICC)는 현재 수단 대통령 알 바시르에게 두 건의 체포영장을 발부한 상태이다.

세계석유 생산 6위의 남수단은 국가 살림을 석유에 의존하는데, 석유를 수출하는 항구는 북수단에 있어서 서로 협력이 되어야하지만, 도리어 분쟁하여 석유생산이 중단되었다. 그러나 금년에 생산이 재개되어 남수단은 경제가 급성장할 것으로 전망한다. 작년도 월 생산량은 4억불로 국가 예산의 98%를 차지하고 국민총생산의 82%나 된다. 농업과 물 자원이 풍부하여 미국과 이집트가 농업투자를 하고 있으며 중국의 경우 남수단의 산업과 경제에 크게 손을 뻗치고 있다. 하지만 다른 나라들은 리스크가 많다고 투자를 꺼린다.

23. 소말리아(Somalia)

소개

'해적의 나라'로 통하는 소말리아는 국가로서의 정상기능을 발휘하지 못하고 있다. 소말리아는(Somalia)는 1991년 내전 이후 사실상 매우 혼란한 상태 속에서 현재 연방공화국형태를 취하고 있으며 질서를 찾고자 노력 중이지만 아주 위험한 상태다. '아프리카의 뿔' 지역에 있으며 서쪽에 에티오피아, 북쪽에 아덴만, 서남쪽에 케냐가 있고 동쪽에 인도양이 있어 아프리카 국가 중에서는 제일 긴 해안선을 가지고 있다. 고원의 평야지대로서, 사시사철 뜨겁지만 계절풍 지역으로서 간혹 비가 내린다. 인구 천만 명 정도로서 그 대부분은 소말리아인이며 소수민족은 소말리아 남부에 집중되어 있는 편이다. 1인당 국민소득은 구매력 기준으로 미화 600달러로서 세계 최하위권이다. 소말리아어와 아랍어 모두를 공식적인 국어로 사용하며, 국민 대부분은 이슬람 교도이며 수니파다.

역사

고대부터 소말리아는 상업중심지였고, 역사가들은 고대 이집트와 교류하거나 정복되기도 한 푼트(Punt)왕국이 소말리아에 있었으리라 본다. 중세에는 이슬람교의 칼리프 또는 술탄들의 통치를 받았다. 19세기 말 영국과 이탈리아는 술탄과 조약을 맺어 소말리아 지역에 대한 통치권을 얻어 각각 영국령 소말리아, 이탈리아령 소말리아를 세웠다. 이에 압둘라 하산(Muhammad Abdullah Hassan)이 이슬람 교도를 중심으로 이슬람 국가(Dervish State)를 세워 한때 영국군을 인도양 해안까지 후퇴시켰으나 1920년 영국군의 공습에 무너졌다. 반면 이탈리아는 술탄과의 전쟁에서 승리하여 소말리아 동부와 남부를 완전히 확보하여 1941년까지 유지했다. 제2차 세계대전 중 이 지역을 점령한 영국은 소말리아 북부를 보호령으로 삼았고 소말리아 남부는 1949년 UN의 신탁통치지역이 되었다. 당초 예정대로 소말리아 공화국을 수립하기 위해 1960년 북부와 남부지역을 합병했다. 1969년 시아드 바레(Mohamed Siad Barre)가 권력을 잡고 소말리아 민주공화국을 세웠다. 1991년 내전이 발생하여 바레의 중앙정부는 사실상 와해되었다.

최근 상황

중앙정부가 없어진 상태에서 소말리아 주민들은 각 지역 자치형태로 관습법이나 종교적 율법에 따라 생활하고 있다. 소말릴랜드(Somaliland), 푼트랜드(Puntland), 갈머덕(Galmudug) 등 일부 지역에서는 전제(專制)정권이 나타나 그 지역을 독점적으로 지배했다. 2000년에 임시정부(TNG)가 결성되고 2004년 임시연방정부(TFG)로 전환하여 군대 등 국가 및 정부기구를 만들었다. 2006년 에티오피아 군과 협력하여 남부지역 이슬람 반군인 이슬람법정연대(ICU) 소탕을 시도하고 남부지역에 대한 통치권을 확보하고자 노력했다. ICU는 분열된 상태에서도 계속 저항했으며 일부 지역은 여전히 그들의 지배하에 있다. 2011년 항구적인 민주주의적 정부기관을 만들기 위한 노력을 다시 시도했으며 2012년 8월 임시헌법을 마련하고 소말리아를 연방국으로 규정했다. 그에 따라 임시연방정부(TFG)가 그 임기를 마치고 소말리아 연방정부가 성립되었다. 특히 수도 모가디슈를 중심으로 재건을 진행 중이다. 경제 역시 가축사육이 중심이며 환전, 송금 등 초보적 금융서비스와 통신업 개발을 추진 중이다.

24. 말리(Mali)

소개

말리(Mali)는 아프리카 서부 내륙국가로서, 알제리, 니제르, 부르기나파소, 코트디브와르, 기니, 세네갈, 모리타니에 둘러싸여 있다. 인구는 2009년 당시 인구조사에 의하면 약 1천 4백만 명이며, 그 민족구성이 다양하고 만데(Mande)족이 그 절반을 차지하고 있다. 그밖에도 훌라(Fula)족 17%, 세누포(Senufo)족, 브와(Bwa)족 등 볼타(Volta)강 주민이 12%, 투아레그(Touareg)족 및 무어(Moor)인이 10%, 송가이(Songhai)족 및 기타 외국계가 11%이다. 인구의 90%는 수니파 이슬람 교도, 5%정도는 기독교인이고, 5%는 토속신앙을 믿고 있다. 말리공화국은 헌법은 세속적 공화국임을 명시하고 있으며 종교의 자유를 인정한다.

1960년 프랑스로부터 독립했고 이원집정부제 국가에 속한다. 공식 언어는 불어지만 원주민들의 언어 밤바라(Bambara)어도 널리 사용되고 있다. 2011년 1인당 국민소득은 미화 668달러로 추정되지만 물가를 고려하면 실질소득은 그 두 배 정도 된다. 수도는 바마코(Bamako)이며, 바마코는 말리에서 제일 큰 도시이다. 말리의 북부는 사하라 사막이며 인구 대부분은 남부 니제르 강 및 세네갈 강 주변에 밀집해있다. 국민들은 대부분 농업과 어업으로 생활하며, 소금도 생산하고, 금이 풍부하여 아프리카 3위의 금 생산국이다. 그러나 국민 절반은 극빈층으로서 2009년 현재 국제 최저 생계비인 일일 미화 1.25달러 이하의 빈곤한 생활을 하고 있다.

역사

1300년대까지 말리 및 대서양 해안국 기니와 세네갈에는 가나(Ghana) 왕국, 말리 왕국, 송가이 왕국 등 고대왕국이 사하라 사막 횡단 무역으로 크게 번성했다. 그들은 주로 소금, 노예, 금 및 기타 보석을 거래했으며 그 국경이나 민족적 정체성이 명확하지 않았으나 대체로 만데(Mande)어를 사용했다. 11, 12세기에 북부 베르베르(Berber, 모로코 및 알제리의 원주민)족의 알모라비드(Almoravid)왕국에 잠시 정복되었고 이때 말리 지역은 처음으로 이슬람교와 접촉했다. 14세기에 말리왕국이 다시 부흥했지만, 14세기 말 송가이 왕국이 오늘날의 말리지역을 장악하고 거의 독립을 확보했다. 그러나 송가이 왕국 역시 1591년 모로코의 이슬람세력에게 정복되었고, 그 후 유럽 열강의 해상무역 개척에 따라 말리의 사하라 횡단무역은 점차 그 의미를 잃었다. 18세기 중반에는 엄청난 가뭄과 메뚜기 떼의 기승으로 말리인 상당수는 생계를 유지하기 위해 노예가 되었고, 팀북투(Timbuktu) 지방 같은 곳은 인구 절반이 사망했다.

19세기 후반 프랑스는 말리를 점령하여 프랑스령 수단의 한 지역으로 통치했다. 1959년 프랑스령 수단과 세네갈이 합쳐 말리 연방이 되었고 1960년 6월 20일 프랑스로부터 독립했다. 1960년 9월 세네갈이 말리 연방에서 독립하자 말리 연방은 말리 공화국으로 개명하고 케이타(Modibo Keïta)가 초대 대통령이 되었다. 케이타는 일당 독재체제를 확립하고 동구권 국가들과 긴밀한 관계를 맺어 사회주의 정책을 펼쳐 국가경제의 대부분을 국유화했다. 그러나 경제가 침체하자 1968년 트라오레(Moussa Traoré)가 무혈쿠데타로 대통령에 오른 후 개혁을 추구했다. 그러나 그의 정부 역시 일당독재를 반대하는 정치적 혼란과 극심한 가뭄, 소수민족의 반란으로 순탄치 못했다. 마침내 1991년 쿠데타가 일어나 임시정부가 수립되고 헌법이 개정되어 말리 공화국은 복수정당제 민주국가가 되었다.

최근 상황

1992년 말리 독립 후 최초의 보통선거에서 코나레(Alpha Oumar Konaré)가 대통령이 되어 2002년까지 연임했다. 2002년 선거에서는 1991년 쿠데타를 주도한 투레(Amadou Toumani Touré)가 대통령이 되었다. 그 후 말리는 정치적으로나 사회적으로나 아프리카 대륙에서는 비교적 안정된 국가라는 평가를 받은 바 있다. 그럼에도 불구하고 아직 노예제가 있어서 현재 말리 국민 20만 명가량이 노예이다.

2012년 말리 북부 사하라 사막 인근 지역의 투아레그족이 독립을 추구하며 무장반란을 일으켜 아자와드(Azawad)라는 국가를 세웠다. 보도에 따르면 그들은 노예들을 다시 옛 주인에게 예속시키고 있다고 한다. 2013년 1월, 프랑스와 말리는 합동군사작전인 살쾡이작전(Opération Serval)을 개시하여 북부지역 대부분을 회복했다. 프랑스가 옛 식민지 말리의 자원을 위하여 개입하였다는 국제적 여론에 대하여 프랑스는 단호하게 아니라고 말한다. 테러가 완전 평정되면 즉시 철수한다고 말한다. 말리의 미래는 선거를 통하여 권력 이양을 잘 하느냐 못하느냐에 달려있다. 경제건설도 과제지만 다양한 부족 간의 화해도 중요하다. 아프리카는 아직도 민족국가라기보다는 부족사회이다.

25. 모로코(Morocco)

모로코는 입헌군주제 왕국으로서(Kingdom of Morocco) '서쪽의 왕국'이란 뜻이다. 이름대로 모로코는 아프리카 대륙 북서쪽 대서양과 지중해에 접해있다. 인구는 3천 2백만 명이고 수도는 라바트(Rabat)지만 가장 큰 도시는 카사블랑카(Casablanca)다. 독특하게도 모로코는 그 주변국과는 달리 외국에 점령된 적이 거의 없다. 그 문화는 아랍과 베르베르족 혼합문화이며 유럽의 영향도 받았다. 모로코는 1975년 인구 50만 명 정도의 서부 사하라 지역을 합병했는데, 서부 사하라는 사하라 아랍민주공화국(SADR)을 자칭하며 1991년까지 독립을 주장하며 게릴라전을 전개했다. 국제연합의 중재노력에도 불구하고 이 문제는 계속 교착상태이다. 다만 모로코는 여전히 서사하라 지역에 대한 실질적인 행정권을 행사하고 있다. 서사하라는 물이 거의 없어 농업이 사실상 불가능하므로 외부에서 원조하는 식량에 의존한다.

인구는 2012년 기준 3천 2백만 명 정도로 추정되며, 99%가 아랍인 또는 베르베르인이다. 언어도 아랍어 및 베르베르어 공용이며 불어도 사용한다. 2011년 현재 1인당 국민소득은 미화 3083달러이다. 1956년 모로코는 프랑스로부터, 서사하라 지역은 스페인으로부터 독립했다. 국왕은 광범한 입법, 행정권은 물론 국회해산권을 가진다. 국회는 양원제로서 선거로 그 의원을 뽑는다. 농업(경제의 14%), 광업(인산염이 많이 채굴됨), 관광업이 주 수입원이다.

역사

모로코의 선사유적으로 보건대 약 20만 년 전 구석기시대부터 인류가 거주했던 것으로 보인다. 베르베르족과 스칸디나비아 자미(Saami)족의 유전자가 유사하여 일부 역사학자들은 마지막 빙하기 후반 지중해

지역의 수렵문화가 북유럽까지 확산되었으리라 추측하고 있다. 역사시대 초기 페니키아인들이 해변에 무역도시를 건설하여 카르타고의 지배를 받았으나, 카르타고가 약화되자 베르베르 원주민들이 마우레타니아(Mauritania, 오늘날 모리타니와는 무관) 왕국을 세웠다. 로마제국의 속주시절 서기 2세기경 기독교가 노예 또는 베르베르족 농민들에게 전파되었다. 로마제국 멸망 후 북부지역은 동로마제국의 지배를 받았지만 남부지역은 베르베르족이 독립을 유지했다.

7세기 이슬람팽창기에 옴미아드 왕조가 모로코에 아랍어와 이슬람교를 전파했다. 옴미아드 왕조가 쇠퇴한 후에야 베르베르족은 이슬람교로 개종하여 독립왕국을 많이 세웠다. 특히 16세기 사디(Saadi) 왕조는 오스만튀르크의 침략과 포르투갈의 침략을 물리치고 내륙 말리지역의 송가이 왕국까지 점령했다. 그러나 사하라 사막을 건너 멀리 떨어진 지방을 오래 지배하는 것은 불가능했다. 사디 왕조 이후 17세기부터는 알라위(Alaouite) 왕조가 모로코를 통일하여 지배했다. 1777년 미국의 독립을 전세계에서 최초로 인정한 나라도 모로코왕국이다. 오바마 대통령은 미국과 이슬람은 갈등관계가 아니라 우호관계라는 사실을 강조하기 위하여 모로코가 미국을 제일 먼저 인정했다는 역사를 거론한다. 모로코왕국의 술탄은 미국상선을 바르바리(Barbary, 16~18세기 북아프리카 지역의 이슬람 사략선단) 해적들로부터 지켜주었다. 미국-모로코 동맹관계는 미국이 역대 지켜온 가장 오래된 우호관계다.

나폴레옹전쟁 후 오스만튀르크제국이 마그레브(Maghreb, 북아프리카 서부지역) 지역을 통치하기 어려움을 간파한 프랑스는 1830년부터 모로코에 관심을 가졌으나 1860년부터 시작된 스페인과의 전쟁에서 패배하여 1884년 모로코는 스페인의 보호령이 되었다. 그러나 1904년부터 다시 프랑스와 스페인, 독일이 모로코에 대한 지배권을 다투기 시작했고, 1912년 페즈(Fez)조약에서 프랑스는 모로코를, 스페인은 북서부 사하라지역을 보호령으로 삼았다. 1920년대 초반 모로코인들은 독립왕국을 다시 세워 무장봉기했으나 프랑스, 스페인군에 의해 진압되었다.

그 후 수만 명의 유럽인이 모로코에 들어와 비옥한 농지를 매입한 후 프랑스 정부가 모로코에 대한 영향력을 더 강화하도록 요구했다. 그 결과 많은 모로코인들이 제1차, 2차 세계대전에서 프랑스군으로(모로코출신 프랑스군을 구미-Goumier-라 부름)했고, 1930년대 이후 스페인 내전에도 참가(프랑코군, Regulares)했다.

1943년 모로코 독립당이 창설되어 독립운동을 전개했다. 이에 1953년 프랑스가 모로코 왕 무함마드 5세를 마다가스카르로 추방하고 다른 인물로 교체하자 모로코인들은 더욱 분노하여 프랑스인, 스페인인 등 외국인들을 마구 공격했다. 1955년 프랑스는 무함마드 5세를 복귀시키고 회담에 임해 마침내 1956년 모로코는 프랑스로부터 독립했다. 지금 프랑스에는 5백만이 넘는 모로코인들이 거주한다.

최근 상황

무함마드 5세가 사망하자 하산 2세(Hassan II)가 모로코 왕이 되었다. 그는 계엄을 선포하고 국회운영을 중지시켰다. 1971년 왕을 폐위하고 공화국을 만들려는 쿠데타가 있었으나 실패했다. 2005년 인권단체가 조사한 바에 따르면 하산 2세 재임기간 중에 강제노역이나 추방, 감금치사 등 약 1만 건의 인권탄압이 있었다고 한다.

1990년대 정치개혁으로 1997년 양원제 국회가 생겼고 1998년 모로코 최초로 야당이 집권당이 되었다. 1999년 하산2세가 사망하고 그 아들 모하메드 6세(Sidi Moulay Mohammed Ben Al Hassan)가 즉위했다. 그는 조심스럽게 사회, 경제 자유화를 진행했다.

그 후 모로코에서는 간헐적으로 테러사건이 발생하다가, 아랍의 봄을 상징하듯 2011년부터 수도 라바트에서는 수천 명의 시위대가 정치개혁과 왕권약화를 요구하는 시위를 벌였다. 왕은 이를 달래고자 헌법개정안을 국민투표에 회부하여 승리했으나 시위대는 여전히 이를 거부하거나 왕이 그 개정안을 지키지 않는다며 시위를 계속하고 있다.

아랍의 봄(Arab Spring): 봄인가 겨울인가?

종교문화연구
Journal of Religion and Culture Study

초판 1쇄 발행 2013년 3월 28일

발행인 정노아
편집인 전호진
발행처 종교문화연구소
주 소 435-040 경기도 군포시 산본동 224-11 3층
전 화 070-4155-7919
팩 스 070-4254-7979
이메일 rncstudy@gmail.com

ISBN 978-89-969908-1-9 93200

· 책값은 표지 뒤쪽에 있습니다.
· 파본은 본사와 구입하신 서점에서 교환해드립니다.